いま読む！名著

シュンペーター『経済発展の理論』を読み直す

スマートフォンは誰を豊かにしたのか

小林大州介
Daisuke KOBAYASHI

現代書館

いま読む！名著

スマートフォンは誰を豊かにしたのか

シュンペーター『経済発展の理論』を読み直す

✲

目次

いま読む！名著

スマートフォンは誰を豊かにしたのか

シュンペーター『経済発展の理論』を読み直す

序章

異端の経済学者シュンペーター

スマートフォンと経済発展

一九八〇年代から本格的な産業への応用が始まった情報通信技術は、二〇〇〇年代以降その速度の進歩を増し、社会経済の様相を一変させつつある。表題にある「スマートフォン」はこの情報通信技術を代表するものである。スマートフォンは二〇〇〇年代に出現し、二〇〇七年にアップル社のiPhoneが発売されて以来、爆発的に普及しつつある。平成二九年度版『情報通信白書』によると二〇一六年、世界のパソコン出荷台数は二億四千七百万台であったのに対し、スマートフォン端末の出荷台数は総計で十四億台にものぼった。[*1] 同白書の調査によると、日本においてネットインフラの整った環境に育った、いわゆるミレニアル世代はパソコンよりも圧倒的にモバイルによるネットワークを利用している。彼らの多くは平日でも三時間はスマートフォンを使い、ソーシャルネットワーク（SNS）やオンラインゲームを楽しむ。[*2] 以前はパソコンで行っていたグーグル検索やアマゾンでのネットショッピングなども、スマートフォンで簡単に行える時代となった。

情報通信技術は、スマートフォン以外にも様々なところに応用されている。例えばICチップを搭載したカードにより、切符無しで電車に乗れたり、同じカードを使い、キャッシュレスで買い物ができたりする。また銀行では近年、日常業務についても無人化・AI化を目指しているという。工場や小売店舗においても、センサーやAIにより、機械が行うことのできる作業は各段に増加している。例えばアマゾンは無人のコンビニや倉庫などを今後増やしてゆく方針であることを公表しており、また、ドイツはAIとセンサーにより作業工程を自動化・ネットワーク化することにより工場のスマート化を進めている。デジタル技術やネットワーク技術が中心となり応用可能性を広げていった結果、第四の産業革命ともいうべき大きな変動が生じているのである。

経済変動を分析したいとき、何を参考にすればよいだろう。書店で「経済学」の棚を眺めてみると「ミクロ経済学」や「マクロ経済学」といったテキストが沢山並んでいるのを目にすることができる。これらは経済学部の学生ならば一度は目を通したことがあるであろう。標準的なものであれば家計と企業、政府の間にどのような商品やサービスのやり取りがあるか、需要と供給のバランスによってどのように商品の価格と量が決定されるか等が説明されているはずだ。

一般に使われているテキストでは「個々人が合理性を持って、市場において自由競争を行う」ことにより、商品の価格と量が適正な水準に決まっていれば、市場参加者のすべてが「最も良い状態」に達するという、「均衡状態」に基づいた分析が成されている。しかし、新しい商品が現れたら、新しい生産方法が出現したら、そしてライフスタイルが根本的に変化したらどうなるか、などといった疑問については、限定的な答えしか得られない。現代のように大きく変動し、先が読みにくい経済現象を理解したいとき、「主流派」経済学に基づくこれらのテキストが教えてくれることは少ない。こういう時代にこそ読むべきなのがジョセフ・アロイス・シュンペーターである。彼は数十年という長期的な視点から、経済が大きく変動する過程を分析しようと試みた。特にイノベーションが次々に現れることによる経済の飛躍的（非連続的）変化は「経済発展」と呼ばれ、彼の分析の中心となっている。次章で詳しく説明するが、「イノベーション」とは、それ以前に行われていた手段とは全く異なる新しい手段によって経済を刷新することである。つまりシュンペーターは、市場において「新規性」がどのように出現し、その結果、経済がどのような影響を受けるかを分析したのである。

シュンペーターは二〇世紀初頭から中葉にかけて活躍したオーストリア出身の経済学者である。一九三二年に渡米した後、ハーバード大学の教授として同大学経済学部の黄金時代を築いた。彼が幼少期から少年期、青年期を過ごした一九世紀末のオーストリアはいわゆる第二次産業革命と呼ばれる技術革新により経済発展が進んでおり、「蒸気機関が第一次産業革命で果たしたことを、電気モーターや内燃機関が第二次産業革命では果たすように」なった。そして「このような機械の発明が、電話の登場や鉄道建設の急激な増加と相まって、経済成長を推進し、古い事業運営方式に[*3]取って代わってゆく。政治的には崩壊状態にあったオーストリア帝国であったが、経済活動の領域においては新しい事業が各所で生じ、古い政治体制の動揺を尻目に活発に刷新を繰り返していた。さらに、彼が目にした二〇世紀初頭のアメリカは、どこの国よりも急速に、また活発に経済発展を遂げていた。オーストリアでもアメリカでも新しい産業が生まれ、古い産業は廃れてゆく。シュンペーターは経済における「新規性」の出現が、資本主義を動かすエンジンであると考えた。イノベーションによる新規性の創出と、その結果として生じる経済発展のプロセスを理論化したのが『経済発展の理論』である。

本書は二〇世紀の経済学者、ジョセフ・アロイス・シュンペーターの不朽の名著である『経済発展の理論』を通じて、近年我々の身の回りに起こっている経済変動がどのように生じているかを読み解くことを目的としている。同書は一〇〇年以上前に書かれたものであるが、そのアイデアは今も色褪せてはおらず、今日の経済を読み解くうえでも未だに有用なのである。

情報通信技術の時代

日本経済はバブル経済崩壊後「失われた二〇年」を過ぎ、未だ活力を取り戻していない。現在、戦後最長の景気回復が続いているといわれても、なかなかピンとこないかもしれない。一九五〇～六〇年代の高度成長期や一九八〇年代のバブル経済の規模で、日本経済に活力が戻ってくるようなことがあるとは思えない。

最近、シュンペーターの名を以前よりも頻繁に聞くようになった。平成二九年度版の『科学技術白書』ではイノベーションの意味を説明する際、シュンペーターがこの言葉をどう定義したかを冒頭で紹介しており、[*4]またNHKのドキュメンタリー番組では、ケインズ、マルクスとともにシュンペーターを取り上げ、現代において彼のイノベーション理論が経済成長にとっていかに重要かを解説した。[*5]マクロ経済政策としての財政政策や金融政策の効果が頭打ちとなっている中、生産性を向上する手段としてのイノベーションは、成長政策にとって欠かせない要素となっている。このイノベーションの源泉として、各省庁はこぞって情報通信技術（Information and Communication Technology: ICT）を取り上げている。経済産業省や厚生労働省、文部科学省が合同で編集している二〇一七年度版『ものづくり白書』では、ICT技術が中心となる「第四次産業革命」に向けて、情報産業やIoT（Internet of Things）による工場のスマート化などに向けた取り組みを紹介している。また総務省の二〇一七年度版『情報通信白書』では、スマートフォンの利用動向やICTの活用の実例、政策に向けた研究開発計画等を掲載している。

確かにこれらの白書は、ICT新時代に対応しようとする政府の姿勢を表しているともいえる。だがどちらもその解説とスローガンに終始している感があり、この大きな潮流が経済にどのような影響をもたらすかという現実的かつ包括的な議論が見られない。例えば『情報通信白書』では、ＩｏＴの活用と企業改革が同時に進行するという楽観的なシナリオの場合、経済成長率は年平均で二・四パーセントを達成し、二〇三〇年にはＧＤＰが七二五兆円まで増加すると予想している。しかし、これは生産の増加と同時に需要も十分増加するという、非常に現実離れした想定を含んでいる。同白書の第3章第5節では、政府が推し進めるＩＣＴ利活用の推進の議論が成されているが、夢のような利点ばかりが強調され、そこに辿り着くまでの課題やＩＣＴ自体の問題に関する議論は存在感が薄い。また、『ものづくり白書』では人材育成という具体的目標を設定している一方で、本来目的となるはずの「技術が実装された社会経済」が最終的には「コンセプト」や「方向性」といった非常にあいまいな論じ方にとどまっているのは残念である。意気込みはいいが、重点的な技術分野を明確化して次々と研究所を立ち上げている米国や、世界標準の策定、国内の労働問題にも力を入れているドイツ等と比べ、後追いの感は否めない。

日本では、一九九〇年代初頭には、すでに情報科学をどのように生産に結び付けるかという議論が始まっていた。通商産業省（現経済産業省）の主導の下、一九八二年から、「第五世代コンピュータ」の開発を目指した、国家的なプロジェクトが立ち上げられた。このプロジェクトでは、コンピュータのサポートによるオフィス作業の生産性向上といった高い目標が据えられていたのであるが[*6]、思ったような成果は上げられず、その後継プロジェクトも、一九九〇年代以降の不況のあおりによって徐々に尻すぼみとなった。その後のアメリカのＩＣＴ関連企業の大躍進を考えると、日本のコンピュータ産業はバブル以後の失われた二〇年の間に水をあけられた格好である。アメリカのＩＣＴ産業はダイナミックに発展を続け、ここ二、三〇年の間に企業の時価総額ランキングの顔ぶれががらりと変わった。かつての製造業の大企業の存在感は薄れ、二〇一八年度の時価総額一位はアップル社、二位はアマゾンで、三位はマイクロソフト、四位はグーグルの親会社であるアルファベット（Alphabet）、そして六位にフェイスブックが入っている。

新しい企業群はインターネット上に事業を行うためのプラットフォームを形成する。プラットフォームとは、様々なプレイヤーが実際のモノやサービスをやり取りするための環境を提供するメディア機器やソフトウェア、ＥＣ（Electric Commerce）サイトなどを指す。例えばアップルのｉＰｈｏｎｅやアマゾンのＥＣサイトを思い浮かべればよい。ｉＰｈｏｎｅは映画や音楽、ゲームなどのコンテンツをアプリケーションとして販売することで、スマートフォン一つで映画やゲームができる環境を提供している。アマゾンのサイトでは、売り手が自分の商品をサイト上に出品し、消費者がそれを選ぶことができる。アマゾンのサイトでは、商品に対する消費者の評価が集計され、その商品に対する情報を事前にチェックすることができ、また過去の購入品の傾向から、自分に合った商品をピックアップして教えてくれる。前者はコンテンツという「情報」を利用者に提供することで、そして後者は自分が欲しい品物に対する「情報」や、売れ筋の商品、自分の購買行動の傾向に関する「情報」を提供することで利益を上げているのである。

第4章でも詳述するが、ＩＣＴ産業は扱う対象が「情報」であり、また「ネットワーク」の強みを生かすことができるという点において、製造業主体のオールド・エコノミーとは経済構造が根本的に異なっており、より独占状態を生じやすい。ＩＣＴ産業の巨大企業はすべて米国にあり、結果として米国はプラットフォームからの利益を独占している。日本はメカトロニクスを含む精密機械技術といった自前の産業の強みを生かし、うまくこの流れに適応できるよう独自の戦略を立て、生き残りを図らなければならない。

産業構造の大転換をも射程に入れた、大きな経済変動を分析するとき、シュンペーターの『経済発展の理論』は、その変動を理解するために必要な、大局的な視点を与えてくれる。そして、シュンペーターの跡を継ぎ、イノベーションや景気循環を研究している近年の「ネオ・シュンペーター学派」も長期的な経済変動をどのように説明するか、腐心している。彼らはトーマス・クーンの『科学革命の構造』の議論を援用し、情報通信技術が支配する現代の経済を「ＩＣＴパラダイム」と名付けた。パラダイムとは特定の時代に支配的な物の見方や考え方を基礎付ける「モデル」や「枠組み」を指す。ＩＣＴパラダイムにおける支配的な考え方とは、デジタル化やネットワーク化、さらには人工知能（ＡＩ）などの応用であり、これらを使って消費者の動向に配慮した商品を提供できるよう、生産ラインの自動化を進めることである。

シュンペーターや、彼の経済学を引き継いだ経済学者たちは、イノベーションや新しい技術の出現が経済に与える影響について、早くから具体的研究を始めていた。サセックス大学のクリストファー・フリーマンは一九六〇年代から同大学にイノベーションのリサーチセンター、ＳＰＲＵ（Science Policy Research Unit）を設立し、この分野の世界的研究者を輩出した。こうした研究者の成果の一つが、現代のＩＣＴパラダイムの解明である。フリーマンと同センター出身のカルロッタ・ペレスは一九八八年、経済の長期循環に関する論文を発表し、その中ですでにＩＣＴパラダイムの特徴と新たな産業構造の出現、それ以前の産業構造との違いを議論している。彼らは、産業構造の変化が経済変動に重要な意味を持つことを認めているのである。

ＩＣＴパラダイムの問題

ＩＣＴ技術は生産性の向上に大きな影響力を持つことが期待される一方で、今後、働き方の問題や格差の問題等、このパラダイムに特有の問題を生じることも予想される。特に雇用問題は、仮にＩＣＴがこのまま発展してゆくのであれば、中心的な問題になる可能性が高い。近年、情報通信産業が構造的に、今後大きな失業を生む可能性が懸念されている。例えばオックスフォード大学のカール・ベネディクト・フレイとマイケル・Ａ・オズボーンは二〇一三年の論文において、今後二〇年以内に、米国の労働人口の四七パーセントが機械に置き換わるだろうというショッキングな研究結果を公表した。[*7] ジョージ・メイソン大学のタイラー・コーエンはグーグルやフェイスブックをはじめとするインターネット関連企業が、非常に高い収益を上げているのにもかかわらず、製造業ほどの雇用を生み出していないことを著書で指摘している。[*8] さらにＡＩは近年、本来人間がやっていた単純な業務をこなせるまでになり、銀行等で人間の仕事を代替しつつある。

『ものづくり白書』で取り上げられているＩｏＴ（Internet of Things）とは「モノのインターネット」を意味する。これは、様々な「モノ」にセンサーを付けてネットワークに接続し、互いに通信させ合うことによって効率的に生産を行う技術のことである。[*9] ドイツなどはいち早くこれに目を付け、工場を無人化、スマート化するための官民を挙げた政策案、「インダストリー４・０」を公表した。このプロジェクトにはヒューレット・パッカードなどの多国籍企業が委員会のメンバーとなり、研究開発を進める体制を作った。しかし、仮に工場が無人化されたとすれば、そこで働く人員は削減されることになるのでは、との不安が広がった。よってドイツでは労働者の失業対策として、長期的な視野に立った「労働4・0」という政策をいち早く立ち上げた。

こうした機械による労働の代替は、産業革命のころから繰り返し問われ続けている問題である。しかし、シュンペーターは経済発展における失業が、新たな産業への技術的・経験的な適応不足から生じる可能性をいち早く見抜いており、また旧産業が廃れる中で新しい産業が新たな雇用を創出する可能性にも触れていた。『経済発展の理論』は、イノベーションを契機として生じる経済発展のメカニズムや、そこに内在する問題を議論している。

今日求められているのは、安易に時流に乗ることでも、センセーショナルに不安を掻き立てることでもなく、現実の正しい理解と、長期的な視点から経済発展のメカニズムを把握することである。そしてシュンペーターの議論は、こうした冷静な視点を提供してくれる。

本書の三つの視点

新しい商品の出現は、シュンペーターが挙げる「イノベーション」の例のうち、最初に出てくるものである。そしてICTパラダイムを象徴するデバイスとしてのスマートフォンは、シュンペーターの考えるイノベーションの概念を、二一世紀の今日において最も良く具体化している。今日、スマートフォンは我々の生活において欠かせないものとなり、社会生活のみならず産業の在り方や働き方を根本的に変えつつある。結果としてスマートフォンは経済における「富」の在り方を変えた。スマートフォンは企業に利潤をもたらし、我々の生活は各段に豊かに、便利になった。しかし他方で、スマートフォン産業を生んだＩＣＴパラダイムは、その特質ゆえに大きな格差を生じつつある。技術は生活を便利にするが、他方で貧富の差を生じるのである。本書では「スマートフォンが誰を豊かにするのか」という問題を設定し、シュンペーターの著作を通じて「企業者利潤」、「経済発展」、そして「格差」の三つの視点から考えてみたい。この三つの視点をもって現在、我々が目の当たりにしているＩＣＴパラダイムを立体的に分析する。

まず「企業者利潤」について考えてみよう。イノベーションは企業者に莫大な富をもたらす。例えば本田宗一郎は自動車修理工場への丁稚奉公から始め、バイク製造業を立ち上げ、さらに自動車製造に乗り出し、米国に日本で初めて日本車を現地生産するまで企業を成長させた。また、マイケル・デルは大学を中退して、ダイレクトモデル（受注生産・直販モデル）という販売形式でパソコンを販売し、その後パソコンメーカー「デル」を創業、パソコン市場において新勢力となった。ジェリー・ヤンとデビッド・ファイロは大学在学中にインターネットのサイトや検索エンジンを作り、その後、最も成功したポータルサイト、ヤフー（Yahoo!）を立ち上げた。裸一貫から起業して大企業までに育て上げた例は枚挙にいとまは無い。[*10] イノベーションに成功した企業者は、普通に働いていたのでは得られないような、莫大な報酬を手にすることができる。シュンペーターはこの企業者利潤がどこから生じたのかを明らかにする。

「経済発展」は消費者を、さらには国民を豊かにする。情報通信技術（ＩＣＴ技術）の発展の引き金となったのは、情報処理をつかさどる「集積回路」の性能の飛躍的な向上であった。我々の身の回りには、一九八〇年代のスーパーコンピューター並みの情報処理が可能なスマートフォンやタブレット端末で満ち溢れている。これらはインターネット接続機能により、ネットショッピングを普及させ、そして出張や旅行の計画、仕事のスケジュール管理などを簡略化した。またテレビのコマーシャルでは、音声によるコミュニケーションによって、いろいろな用事を肩代わりしてくれる「スマートスピーカー」というデバイスが紹介されている。「電気つけて」とか「〜を買って」と言えば、デバイスがすべて代わりに手配してくれるのだ。アメリカの調査会社の調査によると、二〇一八年の二月時点において、このスマートスピーカーの普及率はすでに二〇パーセントを超えているという。[*11]

スマートフォンのようなデバイスのおかげで現代の日本で一般的な暮らしをする人でも、過去の権力者ができなかったことができる。江戸時代、大名が江戸から京都に手紙を届ける場合、飛脚の足をもってしてもリレー方式で三〜四日かかった。明治初期、アメリカにいる人と話をするためには、船で数週間かけて太平洋を横断しなければならなかった。昭和を通じて、出張の計画を立てるときは航空会社に問い合わせをして便を予約し、空いているホテルを電話で探さなければならなかった。また映画を見るためには、映画館に行かなくてはならなかった。しかしこれらのことはすべて、スマートフォンがあれば、その場で大した時間をかけずに可能となった。イノベーションがこうした可能性を開いたのである。

しかし同時に、イノベーションは「格差」をも生み出す。起業に成功して莫大な富を手に入れることができる人がいる一方で、乗り遅れた人はその恩恵にあずかることができず、格差が拡大してしまう。この傾向はＩＣＴパラダイムで顕著に見られる。近年ＧＡＦＡという言葉を最近よく耳にするが、これはグーグル（Google）、アップル（Apple）、フェイスブック（Facebook）そしてアマゾン（Amazon）の、ＩＣＴパラダイムにおける巨大企業四社のイニシャルである。これらの企業はこのパラダイムの興隆とともに、わずか一〇年〜二〇年程でその地位を築き上げてきた。彼らの急激な成長の理由は「情報」や「ネットワーク」といった、ＩＣＴパラダイムならではの特性にある。しかし、こうした情報産業における大企業は製造業ほどの雇用を生んではいない。アマゾンはＩｏＴを用いた倉庫や店舗の無人化、スマート化を推し進めており、技術による効率化が失業を生じるのではないかと懸念されている。また、フェイスブックは市場価値が非常に高いにもかかわらず、同規模の製造業と比べて就業者数は極端に少ない。ＩＣＴパラダイムの企業は大企業化しやすく、他方で雇用を増やさないとなると、今後失業者は増加し、所得格差は広がる一方となるかもしれない。今後、日本でも大量失業や格差による社会不安が起こるのだろうか。

「企業者利潤」、「経済発展」そして「格差」の三つの視点を持ってＩＣＴパラダイムを経済学的に分析する際、シュンペーターの著作がもたらすものは大きい。むろん、彼の著作にある論理で十分に分析可能なものもあれば不十分なものもある。しかし、彼が『経済発展の理論』で示したイノベーション理論の含意の多くが今日の議論においても欠かせない要素となっており、また同書を発展的に継承した現代のネオ・シュンペーター学派の研究も示唆に富んでいる。今『経済発展の理論』を読み返す意味は大きい。

異端の経済学者

シュンペーターは異端の経済学者である。彼は権威ある学者にことごとく反旗を翻した。彼が最初に学んだオーストリア学派の重鎮、フォン・ベーム・バベルクの利子論に対抗して独自の利子論を展開しようとし、また科学主義を掲げて方法論的にもオーストリア学派からは亜流と見なされた。近代経済学の基礎を形成したケンブリッジ学派の泰斗、アルフレット・マーシャルの思想にも盾突いた。またカール・マルクスを称賛してはいるが、そのイデオロギーに対しては批判を浴びせた。ドイツ社会学会の大御所であったマックス・ヴェーバーとはカフェで口論し、ヴェーバーを怒らせた。「ケインズ経済学」として、一世を風靡したジョン・メイナード・ケインズをライバル視し、その経済理論の妥当性については終生、反対し続けた。

しかし他方で、シュンペーターは様々な学派の考えを受け入れ、自分のものとした。彼の経済学は様々な学派との摩擦から生じているのだが、こうした摩擦は、相手の理論を熟知したうえで生じたものであった。シュンペーターは彼の洞察と相いれない理屈に対しては辛辣であったが、理解できる理論に対しては寛容であり、積極的に取り入れようとさえした。最初のノーベル経済学賞を受賞したラグナー・フリッシュは、次のようにシュンペーターの印象を振り返る。

シュンペーターの人間としての性格の中で最も印象的だったのは、彼の寛容さと他人のことばに進んで耳を傾けようとするその態度であった。彼ほど熱心に他人の立場を理解しようとつとめ、また価値ある考えであればどんなものでも進んで認めようとした人をわたしはかつてみたことがない。シュンペーターは、他人の考えの根底にまで達し、その人の立場に自分をおいてみることにせいいこうするまではけっして満足しなかった。彼との会話の時にいつもかもしだされていたそのあたたかい雰囲気こそは、彼のはなばなしい知性や驚くべき博識にもまして、はるかに忘れがたいものなのである。[12]

彼の議論は、そのキャリアを通じて培われた知的バックグラウンドの中の様々な要素を用いて展開される。各学問的素養が絶妙なバランスを保ちつつ互いに影響し合い、主流派とは異なる一般性を備えた理論が彫琢されたのである。

彼の理論の特徴として際立っているのが「企業者」という特殊な経済主体である。普通の経済主体が合理的に利殖計算を行い、利潤や満足を最大化させる中、シュンペーターの「企業者」は合理的な計算が効かないような新しい市場に果敢に挑み、新しい商品を市場に投入する。企業者は一般的な合理性ではなく、個人的な意思と決意によりイノベーションを起こすのである。哲学者の三木清は『経済発展の理論』を読んで、「初めて人間の出てくる経済学に出会った」と語った。そしてシュンペーターのボン時代の弟子であった中山伊知郎はシュンペーターの体系を「発展の人間学」と呼んだ。[13]

『経済発展の理論』の読みにくさ

シュンペーターの著作は押しなべて「読みにくい」と感じる人が多いのではないか。ドイツ語に由来するパラグラフの長さと回りくどさ、[14]博識であるが故の文脈の読み取りづらさ、そして彼自身の個性でもある逆説的な、天邪鬼な論理、皮肉っぽい文体などが読解の邪魔となり、彼の真意を完全に捉え、理解することを難しくしている。オーストリア時代からの友人で、後にハーバードの同僚となるゴットフリート・ハーバラーは次のようにシュンペーターの著作の難しさを語る。

シュンペーターのやや複雑な文体と理論化の型は、彼の研究結果についての解釈を難しくしている…彼の文体の特徴は、長い文章、多くの修飾句、但し書についての但し書、慎重な、あるいは衒学的（これ見よがし）ですらある用語の定義、そして意味についての詭弁的な区別などである。彼の文体は彼の理論化の型を反映しているが、とくにそれが目立つのは、経済学を越えて社会学や政治学にまで広がる問題、そしてシュンペーターがふんだんに用いている歴史的支持を要する問題についてである。*15

このように、彼の同僚もシュンペーターの文章について不満を示す。シュンペーターは若いころから英語も得意だったのだが、上記の評は英語で書かれた『資本主義・社会主義・民主主義』に対して寄せられたものである。いかに彼のロジックが込み入って複雑であるかがわかる。

今日、イノベーションという言葉はもはや日常で使われる語であり、知らない人はいないだろう。ピーター・ドラッカーの『マネジメント』や『イノベーションと企業家精神』は近年漫画化されて話題を集めたし、クレイトン・クリステンセンの「破壊的イノベーション」という言葉はとても有名だ。しかし、これほど「イノベーション」がもてはやされている時代に、シュンペーターの代表作である『経済発展の理論』をまともに読んだ人はどれだけいるであろうか。

『経済発展の理論』は一九一一年に初版が出版されて以来、各国語に翻訳された。同書のドイツ語版第二版は昭和一二年（一九三七年）に初めて和訳され、日本でも同書を読むことができるようになった。現在、我々が手に取ることのできるものは、岩波文庫から出版されている塩野谷祐一氏、中山伊知郎氏、東畑精一氏の翻訳のものである。『経済発展の理論』は、ドイツ語の初版が出版されてからすでに一〇〇年以上、そして岩波文庫の翻訳が一九七七年に出版されてから、すでに四〇年以上にわたって再版が繰り返され、読み続けられている不朽の名著である。にもかかわらず、ハーバラーがいうように同書を読破することはなかなか骨が折れる。背景にある知識が広すぎるのだ。初学者にはなおさらである。

ハーバラーによると、シュンペーターの文章は彼の理論化の型を反映しているという。つまり、シュンペーターが経済発展をどのように理論化したのかという道筋が、そのまま文章に現れているのである。よって、彼が執筆に至るまでに何を学び、そしてどのような理論や論争に影響を受けたのか、というバックグラウンドを理解すれば、同書を読むことも少しは楽になるだろう。本書では難解なシュンペーターの著作をできるだけわかりやすく、容易に近づけるように『経済発展の理論』における彼の文章を理解する上で前提となる知識をできるだけ提示した。

また、シュンペーターがイノベーションをどのように扱ったかを理解するため、必要に応じて『経済発展の理論』以外の彼の著作にも触れた。特に彼の後期の著作『資本主義・社会主義・民主主義』（一九四二年）では、シュンペーターは彼独自の立論によって資本主義の将来を予言しているので、第4章にて詳しく論じた。

本書の構成

本書は序章に続き、1〜4章、そして終章という章立てになっている。まず第1章では、「イノベーション」や「経済発展」という語がシュンペーターによって、どういう意味で使われていたかを説明する。これらは現代でもよく使用される語ではある以上、本来シュンペーターが使っていた意味を知っておくべきである。また第1章では彼の考えに基づきながら、電話産業の進化を考える。電話産業の進化は「経済発展」がどのようなものであるかを具体的に示してくれる好例である。第2章では実際に『経済発展の理論』の内容に立脚して、企業者利潤とは何かを考える。第3章では何が国を富ませるのかを考える。シュンペーターの『経済発展の理論』は、啓蒙思想の時代から存在した古い「発展」の理論を乗り越えようとする試みであった。そして第4章ではシュンペーターの「独占」に関する考え方を検討するとともに、「格差」や「失業」の問題を考えようと思う。シュンペーターは経済発展によって企業者のみならず、労働者もその恩恵にあずかることができると考えていた。しかし他方で、ＩＣＴパラダイムは極端な格差や失業を生む可能性をも秘めている。最終章ではこのＩＣＴパラダイムが今後、どのような展開を見せるのかを私見を交えながら議論する。

＊1 総務省、『平成29年版情報通信白書』、一三八ページ

＊2 二〇代（ミレニアル世代）が一日にネットを見るのは、パソコンが平均三一分、スマホは一二四・八分に及ぶ。彼らは圧倒的にスマホでネットに接続する方を好むのである。『平成29年版情報通信白書』、五ページ

＊3 トーマス・マクロウ、『シュンペーター伝——革新による経済発展の預言者の生涯』、三五ページ

＊4 文部科学省、『平成29年版科学技術白書』、二四ページ

＊5 ＮＨＫドキュメンタリーＢＳ１スペシャル「欲望の資本主義２０１８〜闇の力が目覚める時〜」二〇一八年一月三日放送

＊6 松尾豊、『人工知能は人間を超えるか——ディープラーニ

ングの先にあるもの』、一〇七―一一一ページ

＊7　岩本晃一、『AIと日本の雇用』、一〇ページ

＊8　タイラー・コーエン、『大停滞』、八一―八二ページ

＊9　最初はMIT（マサチューセッツ工科大学）のAuto-IDセンターの共同設立者の一人であったケビン・アシュトンが一九九九年、P&Gで行ったスピーチで初めて登場したといわれている。

＊10　三谷宏治、『ビジネスモデル全史』

＊11　John Koetsier「スマートスピーカー普及率は米国家庭の20%、1870万世帯が利用」Forbes Japan, 二〇一八年四月一五日（https://forbesjapan.com/articles/detail/20607）、二〇一九年七月確認

＊12　玉野井芳郎、「シュンペーターの今日的意味」、『社会科学の過去と未来』、七ページ

＊13　塩野谷祐一、『シュンペーターの経済観――レトリックの経済学』、九八ページ

＊14　シュンペーターの『帝国主義と社会階級』のドイツ語版を英語に翻訳したポール・スウィージーによると、文中の半ページにも及ぶドイツ語のパラグラフを英訳するとき、その文章を四つに区切らなければならなかったという（ハーバラー、「『資本主義・社会主義・民主主義』の四〇年」、『資本主義・社会主義・民主主義の現代的評価――シュンペーターのヴィジョン』、一二五ページ）。

＊15　ゴットフリート・ハーバラー、「『資本主義・社会主義・民主主義』の四〇年」、『資本主義・社会主義・民主主義』、一二四ページ

第1章

携帯電話産業の進化

イノベーションとは何か

本章では、巷をにぎわす「イノベーション」という言葉の本意を深く考察していく。
シュンペーターの唱える「イノベーション」とは、従来の経済慣行とは違う
新たな活動のことを指し、それこそが経済発展を呼び込む原動力となるものだ。
ひとたび現代社会に目を向けると、
スマートフォンに至る現代の携帯電話産業の進化こそが、
その「イノベーション」の典型的な事例といってもさしつかえないだろう。
そう考えると、シュンペーターは、
スティーブ・ジョブスの出現を予想していた(のかもしれない)。

1　なぜ今『経済発展の理論』なのか

暮らしの豊かさとイノベーション

本書では「スマートフォン」の登場に代表されるＩＣＴパラダイムの隆盛が、いかに企業家に利潤を与え、いかに社会を豊かに、便利にしたか、そして、ＩＣＴパラダイムがいかにして格差を生じたか、ということを論じようと思う。これらの問いは、シュンペーターの『経済発展の理論』を中心とする著作を追ってゆくことにより、徐々にその輪郭を浮き上がらせてゆく。しかしまず、本章ではシュンペーターの経済学の核となる、「経済発展」がどのようなものであるかを議論しよう。

私たちの周りを見回してみると、生活を便利に、快適にするための多種多様な商品に囲まれている。家電製品は家事労働の負担を減少させ、自動車はそれまで物理的に不可能であった速度で長距離の移動を可能にした。そしてＩＣＴ革命以降の技術の発達によるパーソナル・コンピューターやスマートフォンの普及は、世界中の人とのコミュニケーションを実現し、専門的な知識の収集やネットショッピング、遠隔地における機器の操作、新たな働き方などの様々な可能性を拓いた。我々の生活を豊かにする、こうした商品の数と種類の爆発的増加は、およそ一九世紀後半、アメリカを震源地として始まったという。人類が文明と呼べるものを最初に築いて以来数千年が経つが、物質的生活の向上のほとんどが、ここ百数十年のうちに生じたことになる。

では、商品の種類の増加はどのような経済活動によって引き起こされたのか。新しい商品はどのようにして登場したのか。資本主義経済を駆動し発展させた要因とは何だったのだろうか。こうした問いに答えたのがシュンペーターの『経済発展の理論』である。

彼の経済学とその発展観がいかにユニークであったかを考えてみよう。例えば経済学の祖、アダム・スミスは富の進歩について、これが人間の自然的性向、すなわち人間にそもそも備わった性質からもたらされたものであると考えた。経済活動の自由さえ保障されたなら、人間には利己的な利潤の追求を通じて自然発生的に経済的秩序を形成する性質が備わっている。国が発展するには、経済に参加する者たちが自らの欲求のまま経済活動を行うことが重要なのであり、国家は法や制度により、自由な経済活動を妨げてはならない。レッセ・フェール（自由放任）によって経済活動を各人の自由に任せさえすれば、市場の価格メカニズムを通じて、産業間における資源の自然的均衡が成立する。そして「富裕の自然的コース」に従って、農業、製造業、そして商業へと資本が投下されてゆく。

> ものごとの自然のなりゆきによれば、あらゆる発展しつつある国の資本の大半は、まず農業に、後に製造業に、そしてすべての最後に外国貿易に向けられる。ものごとのこの順序はきわめて自然なものであって、それゆえ私は、多少とも領土をもつどの社会でも、つねにある程度はみられてきたと信じる。[*1]

スミスは「人間の自然的性向」、すなわち経済的な営利心や利己心に基づく自由競争に任せることにより、国の富は必然的に発展すると説く。[*2]

ドイツの社会学者マックス・ヴェーバーは、資本主義経済の特徴を合理的精神に求めた。ここでの合理的精神とは、経済的利潤という目的に対し、利益や費用を計算して行動することである[*3]。経済合理的な行動は、資本主義的な合理的経営による資本の増殖や、合理的な労働組織を生じさせたことによって、経済を方向付ける一因となる。

スミスは利己心と自由競争が市場メカニズムを機能させ、いわゆる「見えざる手」がうまく各人の利害を調整して経済を発展させると考えた。ヴェーバーは市場における交換や資本計算などといった場面で経済合理性が働くことにより、経済の発展を促したと考えている。ヴェーバーによると、こうした完全競争や合理性などの仮定は経済理論が成立するための構成の一部となっている。

抽象的な経済理論は、交換経済的社会組織、自由競争と厳密に合理的な行為のもとで、財貨市場において繰り広げられる事象の理想像を提供してくれる。思考によって構成されるこの像は、歴史的生活の特定の関係と事象とを結びつけ、考えられる連関の、それ自体として矛盾のない宇宙を作り上げる[*4]。

完全競争や合理性といった仮定は、現代の経済理論の重要な支柱となっている。書店に並んでいるミクロ経済学の教科書では、経済の参加者である経済主体は皆、競争を行いつつ、合理的に選択することにより、自己の満足か、もしくは利潤を最大化させるという目的を達成するように設定されている。こうした「経済合理性」を持った人間のことを経済人、もしくはホモ・エコノミクスと呼ぶ。誰もが合理的に行動すると仮定することで、こうした人々が市場に集まったらどうなるかということに関する、生じうる結果を決定論的に予測することができる。なぜなら彼らは決まった行動しかとらないからだ。

しかし本書の主人公、シュンペーターは経済人による自由競争が経済発展の原因であるとは考えていない。彼によると、経済に常に新しい風を呼び込み、市場の秩序を掻き乱してしまう「企業者」という一風変わった人間類型が資本主義を駆動する力となる。本来であれば誰でも経済的に安定した人生を送りたいと思っているに違いない。「いや、自分は違う」と言いたくても、いざ仕事をして稼ぐようになると、安定的な収入は、ある程度生活における満足を満たし、気持ちの安定ももたらすと気づくであろう。先の見えない、計算のできない不安はできるだけ回避したいと考えるものだ。

しかしシュンペーターのいう企業者は、スミスやヴェーバーが想定するような経済合理性を持たず、成功への欲求に駆り立てられて、不確実性を恐れず、果敢に新しい事業に着手する。そして、これまで試みられなかった斬新なやり方によって、競争相手のいない市場における利潤の獲得を狙う。シュンペーターは、既存の経済慣行とは異なる新たな活動のことをイノベーションと呼んだ。企業者らが起こす「イノベーション」こそが経済に変化と活力を与え、社会経済を発展させる原動力となるのである。

イノベーションが経済全体に波及したとき、経済はその産業構造自体に変化を生じるようになる。シュンペーターはこれを経済発展と呼んだ。経済発展は数十年に及ぶ好景気と不況の波、すなわち景気循環を引き起こすが、こうして引き起こされた景気循環は、資本主義経済には特徴的なものであり、経済を動かしている。

彼の考える経済発展とは、スミスが考えたように「自然の発展のコース」に沿って進むというよりも、結果がわからない、不確定性の高いものだ。新しいことというものは、そもそも前もって価値評価が難しく、結果として経済発展のコースもまた、事前に結果が決まっていない不確定なものとなる。仮に現在すべての条件が不変で、新しいことが生じないとするならば、合理的計算によってある程度の予測はできるであろう。しかし、経済に新しいでき事が生じないということは「経済発展」は生じず、何も変わらないということである。

合理的に経済は発展しない？

シュンペーターのいうように、不確定なイノベーションにまかせて経済が発展するのを待つというのは少々心もとない議論である。この想定によると、合理的な企業の投資や政府の政策によって「計画的」には経済は発展しないということを暗に示しているからだ。

本来、経営者や消費者、株主を含む市場の参加者の多くは、誰もが損をしないような行動をとることによって、自己の利益を最大化したいはずである。仮に企業者の提出する計画が、先の見えない投資や、将来性が計算不可能な事業計画ばかりでは経済は成り立たない。偶然にまかせた投資計画を出したところで、その事業は失敗に終わるであろう。少なくとも借り入れた資金についた利子以上の利潤が得られることを合理的に説明しなければならない。では、新しいことを始めようという企業者はどのような裏付けをもって新事業を展開するのか？　また、個人的な動機で動く彼らに、なぜ資金が融通されるのであろうか？

もしイノベーションが資本主義に必須の現象であるならば、こうした疑問を持つことは資本主義を理解するうえで避けては通れないであろう。しかし、本来資本主義に特徴的なこうした現象について、主体の合理性に基づいて構築された通常の経済理論では取り扱い得ないことをシュンペーターは指摘する。

もし（通常の経済学が想定しているような）安定した状況への適応が主要な関心事であるなら、誰も皆今（現実でおこっているもの）とは異なった振る舞いをするであろう。生産スケジュールを立案して、費用を計算し、自分のプラントや設備を減価償却しながら、自分の生産物の価格付けをおこない、自分の市場をまもるために奮闘する…（しかし）既存の産業、商業パターンの革命こそが永続的状態であって、経済活動の「正常な」流れを妨げることが時たま偶然に起こるというのではないという事実を見落としてしまった結果は、一方では、実際的問題に対するわれわれの態度に、もう一方では経済理論の概念装置に影響をもたらしているのである。[*5]

経済理論は分析対象の環境が変化しない状態を想定して、一定の環境下における需給均衡の計算を可能としている。しかし、経済に革命的な変化が次々と生じる資本主義経済では、市場を取り巻く環境が安定しているとは考えにくい。不確定な経済環境では、誰が儲かってだれが損をするかもわからない不安が付きまとう。しかし、シュンペーターは不安定を内在するこの資本主義システムが、企業者のみならず、消費者や国家をも含めた富を形成すると考えた。結果のわからない不確定なイノベーションが冒頭で述べたような物質的な富を増進させる。そのシステムを説明するのが『経済発展の理論』ということになる。

用語の定義

シュンペーターはイ、ノ、ベ、ー、ショ、ン、という語を、経済領域において「違ったやり方で事を運ぶ」ことであると定義した。具体的には、新しい商品や新しい生産方式、新しい市場の開拓や新しい組織の実現などを指す。経営学者の菊地均によると、彼の著書にイノベーションという言葉が最初に登場したのは一九二七年、エコノミカという雑誌に投稿された「景気循環の説明（The Explanation of the Business Cycles）」という論文においてである。[*6] 本書が扱う『経済発展の理論』はそれ以前の一九一二年に発表されており、当初、イノベーションには「新結合（neuen Kombinationen）」という言葉が使われていた。一九三九年に出版された『景気循環論』において、イノベーションが何を指すかについての定義が与えられているが、これは『経済発展の理論』においてシュンペーターが示した「新結合」の定義を踏襲しており、また非常に明解なので、これを検討してみよう。彼は『景気循環論』において次のように述べている。

商品供給方法の変化という言葉でわれわれはそれを文字通りにうけとれば含意するよりもはるかに広い範囲のでき事を考えている。まさに標準的事例として役立つかもしれない新商品の導入をも含める。既に使われている商品の生産についての技術上の変化、新市場や新供給源泉の開拓、作業のテーラー組織化、材料処理の改良、百貨店のような新事業組織の設立——略言すれば、経済生活の領域での『ちがったやり方でことを運ぶこと』——、すべてこれらのことはわれわれがイノベーションという言葉で呼ぼうとするものの事例である。[*7]

シュンペーターが想定したイノベーションの定義とは、これまでと異なった方法で、新たな事業を起こすことである。イノベーションを技術革新のことであるという考え方が広く浸透しているが、必ずしもそういうわけではない。本書の後半で詳しく述べるが、シュンペーターのイメージでは新たな技術を開発するというよりもむしろ、技術的機会を利用して、新しい商品や生産手段といったものを市場に広めるのがイノベーションである。

イノベーションは「企業者」によって遂行される。通常の経済主体は新しいことをしようとはせず、これまで続けてきた慣行的・ルーティン的な商売を続ける。どれくらい売れ、どれくらい仕入れればよいかは、すべて経験的にわかっており、市場競争の中で事業を続けてゆくだけの利益のみを得る。一方、企業者はルーティンを繰り返すことを嫌い、卓越した指導力と洞察力、そして意志の力によって古い慣習を脱却し、新しいことを成す。企業者は新しい商品等をいち早く開発・販売することによって、市場で独占的な地位を得ることにより、より大きな利潤（企業者利潤）を獲得する。

次にシュンペーターの経済理論の中心を成す「経済発展」という言葉であるが、シュンペーターの経済発展論とは、マクロ経済学のテキストが教える「経済成長」論とは異なる。経済発展とは、イノベーションの群生化の結果として引き起こされる「経済過程内の変化」や、「経済体系のそれ（イノベーション：筆者）への反応」のことをいう。[*8] 経済成長が経済の数量的変化を扱う一方で、経済発展とは経済の構造的な変化を含む、質的な変化を指す。その違いを詳細に考えてみよう。

経済成長とは、いわゆる国内総生産（GDP: Gross Domestic Products）、すなわち国内で生産された付加価値の総量が一年間でどれだけ増加したかを表す。経済成長の要因としては、労働力の増加、機械の様な設備を表す資本の増加、そして技術進歩などが考えられるが、統計データからこれらを算出することによって、その国が潜在的にどれだけの成長率を達成することができるかを計算することができる。また資本量や労働者数だけではなく、労働量一単位当たり（労働者×労働時間）の「資本装備率」（資本量／労働量で表され、労働量一単位当たりに費やされた道具や設備の量を示す）や、「労働生産性」（総生産／労働量で表され、労働一単位当たりどれだけの財を産出するかを示す）といった要素も成長を説明する。

例えば戦後日本は、高度成長期に年率一〇パーセント近い国民総生産（ＧＮＰ）の成長を達成した。一九六八年には西ドイツを抜き、国民総生産上は世界第二位の経済大国となった。この時期の高成長の要因は何か？　一九五五年から一九七〇年にかけて、日本の労働人口は毎五年ごとに三九一〜四四一万人増加した。*9 しかし、この時期の労働人口の増加は年率でいえば一・三パーセント程度の上昇であり、他方で経済成長率は一〇パーセント近くを達成していた。よって、この時期の成長は労働投入量のみで説明しつくされるものではない。オーソドックスなマクロ経済学が教えるところの高度経済成長の原因としては、積極的な設備投資が挙げられる。日本人の貯蓄率の高さが金融市場に豊富に資金を提供し、産業はそれを活用して積極的に設備投資を行った。生産用の機械のような固定資本が蓄積され、資本装備率の上昇（資本の深化）が生じた結果、労働生産性が高まった。また、先進国の技術を積極的に導入し、高い技術進歩率を達成したことも一因と考えられる。人口の安定的な増加と、旺盛な投資熱、そして技術進歩が日本の経済力を世界二位まで押し上げたとされる。*10

経済成長理論と経済発展論の違い

このように経済成長理論では、労働人口や資本量の増加率と、そして技術進歩が経済成長を説明する要因となる。経済を取り巻く条件はすべて一定と仮定され、よって資本や労働といった投入物に対してどれだけ生産されるかを示す「生産関数」の構造は基本的に変化しないと想定される。また、労働人口や毎期の貯蓄による資本は、連続的に増加するものと考えられており、生産関数は一定なので、結果として生産量も連続的に増加する。成長経路上において各産業部門は歩調を合わせて成長すると想定されており、部門間における成長の差は考慮されない。

一方で、シュンペーターのいう「経済発展」とは、イノベーションが「群生化」して起こることによる産業構造の変化のことである。発展のプロセスは商品の増加という結果を伴うことが多いので、発展として総生産が増加した場合、それは経済成長の一因となるだろう。しかし、決定的な違いは経済成長理論が生産要素量の連続的成長を考慮するのに対し、経済発展とは経済の「質」における非連続的な変化であり、具体的に言うと新産業の勃興や、それにより引き起こされる技術や組織といった生産環境における様々な条件の変化をも含むことである。イノベーションとは、これまでに慣行として行われてきたものとは全く異なる事態のことである。その結果がどうなるかは事前には不確定であるが、仮に成功した場合、特定の部門から発生して他の部門に波及し、商品や機械、原材料など、様々な財の価値を次々と変更する。「経済発展」は、イノベーションが群生化することによって生じるのだが、発展が生じたとき、経済体系内における価値評価が大きく変化し、結果として生産関数の構造自体の変化を引き起こすような大変動を引き起こすのである。例えばこれは、蒸気機関のイノベーションにより石炭や鉄鋼の価値評価が変化したことにより説明される。

以前は生じなかった価値の変化が急激に生じることで、経済発展は急激に、非連続的に進む。経済成長と経済発展の違いについて、シュンペーターは「適応的反応」と「創造的反応」という言葉を使って区別する。[*11] 経済成長は環境の変化に反応するだけの「適応的反応」の結果であり、経済発展は、経済体系の内側から企業者が引き起こす「創造的反応」である。そしてシュンペーターは、「創造的反応」たる経済発展こそが資本主義のエンジンとして国を豊かにしてきたと考えていた。しかしなぜ、不確定で非連続な「経済発展」が質の高い商品を大量に消費者の手に届け、多くの国民がその果実を享受できるようになったのか。この問いに答えるのが『経済発展の理論』である。

2　携帯電話産業の隆盛からみた経済発展

「経済発展」の理解に向けて

シュンペーターのイノベーションの定義の最初に出てくるのは「新たな商品」の出現である。彼が新商品に注目したように、我々も商品の変化に注目することから始めよう。我々が注目するのは固定電話から携帯電話、スマートフォンへと商品が変化した電話産業である。

一八九〇（明治二三）年、僅か一八〇人の加入者を対象として、官営の公衆向け電話事業が開業した。それ以来日本の電話産業は徐々に発展し、電信電話網は全国に張り巡らされた。日清、日露戦争と、二度の世界大戦を経て情報伝達の重要性は増し、電話産業は事業を拡張していく。さらに、第二次大戦後の高度成長期を通じ、この産業は一般家庭において大幅に加盟者を増やした。それに従い、電話産業が直面する課題も増えていった。加入者増加による電話交換の効率化・自動化、長距離通話、さらには交換手による個人情報の漏洩などが問題となった。

しかし近年、この産業は大きな変貌を遂げつつある。一九七〇年代に開発された携帯電話の登場により、既成の産業構造が変化した。さらに、単なる移動電話という存在から徐々に情報通信端末として進化したことにより、産業構造自体に変更が加え始められている。この電話産業の展開から、イノベーションや経済発展とは何かを具体的に考えてゆこう。

携帯電話産業の発展

生産をするということは、われわれの利用しうるいろいろな物や力を結合することである。生産物および生産方法の変更とは、これらの物や力の結合を変更することである。旧結合から漸次に小さな歩みを通じて連続的な適応によって新結合に到達することができる限りにおいて、たしかに変化または場合によっては成長が存在するであろう。しかしこれは均衡的考察方法の及ばない新現象でもなければ、またわれわれの意味する発展でもない…以上の場合とは違って、新結合が非連続的にのみ現れることができ、また事実そのように現れる限り、発展に特有な現象が成立するのである。[*12]

シュンペーターが考えるイノベーションとは、それ以前に使われていた生産のための要素（材料や機械、労働）を異なる目的で、新しいことを行うために組み替えること、すなわち「新結合」である。彼は企業者が起こす新結合を五つにまとめる。次章で詳しく論じるが、それは①新しい財貨（製品やサービス）、②新しい生産方法、③新しい販路の開拓、すなわち新しいマーケット、④原料あるいは半製品の新しい供給源の獲得、そして⑤新しい組織の五つである。

中でも新しい財貨、すなわち新しい商品の出現は、イノベーションにとって重要な要素である。シュンペーターが最初に学んだオーストリア学派の経済学には「帰属理論」という考え方がある。これは、市場に出回る商品自体が、それを生産するために使われる原材料や労働の価値を決定する、という考え方である。よって、新商品の出現はその価値評価に応じて、生産に費やされる様々な原材料や、さらには労働、資本、土地などへの価値評価を変更する。[*13] 経済理論では、こうした価値評価を「価値関数」という形で表す。現代の経済学でいうところの「効用関数」である。

オーソドックスな経済学では、分析対象となるべき財貨の数量および種類は、人間性や地理的環境、技術水準、社会環境などが変化しない、という環境の下で、あらかじめ定められている。ここで生じる「変化」は、各経済主体間における財貨の交換による数量的な変化であり、経済主体は同じ価値関数の下で、その変化に徐々に適応する。しかし、環境が急激に変化し、財を評価する「価値観数」自体が変化した場合、新しい価値評価が行われるようになり、それまであった財貨は従来の意義を失う。

たとえば価値関数が変動すれば、従来と異なったものが生産され、こうして財貨の数量——および財貨の種類——の変動が生ずるであろう。だがこれに対しては、われわれはなすべき術を知らず、それについては何ひとつ述べることができない…われわれの均衡体系は攪乱される。*14

価値関数が変化するということは、それまで評価されていた財が意義を失い、評価されていない財が新たに需要されることであり、現存する財貨の組成が変化するということである。こうした変化のプロセスは、既存の経済理論では説明することができない。シュンペーターは以下のような具体的な例をもって、これを説明する。

われわれは同じ種類の財貨が見つけられる点より先に遡ることはできない。われわれは近代家屋から杭上家屋にまで達することはできず、アームストロング銃を棍棒等々に還元することはできないであろう。なぜなら人間がある種の財貨の獲得をまったく断念し、他の種類を選択するときには、われわれの方程式組織は直ちに機能しなくなり、まったく別のものにとって代わられねばならないからである。*15

価値関数は経済主体に経済合理性の評価基準を与える。経済合理性を持つ経済人は、決められた財貨に対する価値評価を基に満足や利潤を最大化し、費用を最小化するように行動する。しかし、長期において文化が変容したり、他からの侵略などがあり、他の財貨を利用するようになれば、それまでの価値評価は機能しない。例えば、引用に出てくる杭上家屋とは、一九世紀の前半にスイスの湖岸で発見された古代の住居跡である。杭上家屋と近代家屋には連続性が見られず、よって、「異なる財」として、それらの文化における価値関数は全く異なる体系を持つであろう。また、石器時代の人々の価値関数は「棍棒」を対象としており、良い棍棒と交換するための別の財貨の量、例えば食料や貴金属の量を考えるために用いられる。帰属理論を考えると棍棒の価値は、それを制作する際の材料の価値も決定するであろう。仮に棍棒を沢山作りたいのであれば、材料や労働を増加するか、もしくはその制作技術を徐々に磨けばよい。しかし、棍棒と全く異なる技術段階に存在するアームストロング銃を作成する場合の価値評価は、棍棒のそれとは全く異なるであろう。企業者が新商品を持ち込むことによって財貨の種類と、それに伴う価値関数を変化させた場合、それまで合理的であったとされる行動はもはや合理的では無くなり、新しい価値関数に合わせた合理性が生じることになる。よって最終的に需要される商品の刷新は、様々な生産要素の経済的価値に変更を促す。イノベーションとは、こうした大きな価値観の変化が、産業に断続性をもたらすことを指すのである。

携帯電話端末の進化

同様にして電話産業の発展を考えてみよう。日本の電信電話産業が提供してきた通信端末もまた、時代を通じて進化している。明治期から現在までの電話の進化を見てゆくと、我々になじみのある物に関する情報はすぐに脳裏に浮かぶ。スマートフォンは若い世代には必需品であり、その目的、機能、使い方なども熟知しているであろう。ちょっと前まで主流であった携帯電話に関しては、本体はグレーかもしくは黒色で、ごつごつとしたボタンがつき、グリーンの液晶画面を備えたものを思い浮かべる人がいるかもしれないし、もしくは折り畳み式のものや、スライド型の携帯電話を思い浮かべる人もいるかもしれない。「ケータイ」は二〇一九年時点で、三〇代後半〜五〇代前半にかけての年齢層においては、なじみ深いものであろう。この年代が学生時代、もしくは新卒の社会人であった時期には、「ケータイ」が普及していた。四〇代〜五〇代の人であれば、携帯が普及する直前に、ポケット・ベルという物があったことを思い出すであろう。文字を番号で打ち込み、テキストメッセージを送信する、という操作を懐かしく思う人も多いかもしれない。さらに、固定電話に関していえば、プッシュホン式のものはまだ各家庭にあるだろうが、ダイヤル式となると、かつて使った記憶がある人も三〇代後半から四〇代以上の人がほとんどであろう。さらに木製でダイヤルが無く、ベルが前面に配置されている明治時代の電話となると、使った記憶がある人はほとんどいないだろう……［次ページの写真を参照］[*16]。

電話という商品に対して人々が抱く価値を数値化し、価値関数を設定するならば、その端末の変化は価値関数の変化を表している。価値関数は、使用者の財に対する主観的な価格評価の関数であるが、それが帰属理論により、その財に費やされる労働や財、技術などの価値を決める。つまり、人が電話の端末に感じる価値が、その部品や機械、労働などの価値を決めるのである。

筆者は電話産業において、この価値関数が大きく変化した節目が二回あると考える。明治期から昭和末期までの電話は、形状の変化こそあれ、使用上の大きな変化はほぼ皆無であり、産業構造も比較的単調なものであった。しかし移動電話が出現したことによって、その産業構造は「断続的」に、大きく変化した。さらにスマートフォンの登場により、もう一つ別の大きな変化が生じたのではないか。

［図1-1］デルビル式電話機（明治後期〜昭和40年代）

［図1-2］600型卓上電話機（昭和30年代後半以降）

［図1-3］プッシュホン600P（昭和40年代後半以降）

［図1-4］パルディオ201P（平成8年）

［図1-5］FOMA L706ie（平成20年）

［図1-6］SC-03D（平成23年）

電話産業における最初の非連続的変化

一八九〇年（明治二三年）に官営の公衆向け電話事業が開業して以降、需要者も供給者も比較的連続的に、この電話という新たな財貨に適応していった。昭和初期まではまだまだ電話は奢侈品（ぜいたく品）であり、基本的には業務用が主流であった。しかし昭和三〇年代以降、一般家庭における電話の普及率が急上昇し、各家庭の必需品となることにより、社会的なコミュニケーションの方法は大きく変わることとなる。しかし、昭和中期までこの産業における変化は電話加入者数の増加であり、これが大きく産業構造自体を変えたということは無い。電線網の発達や回線交換技術の発達はいわば、電話という旧結合を担う産業が加入者数の増加に漸次的に適応していった結果だろう。

この産業の大きな転機は、昭和も終盤に差し掛かった一九七〇年代に生じる。一九七〇年、大阪万博において、移動通信体としての携帯電話が初めて日本に登場する。初期の携帯電話は移動電話として、つまり電話の延長としての機能しか持っていなかった。しかし、携帯電話自体の進化はすぐにそれまでの電話のイメージと、それに関わる産業の構造を一変する。例えばコードレス化は、電線を通じて通話する固定電話とは異なり、携帯電波を中継するためのキー局の設置を必要とする。さらに携帯用の電波の確保は、情報量の節約のためにデジタル化を促進した。それまでは電電公社から民営化したNTTが独占的に行ってきた電話事業であったが、市場競争による価格競争や産業の効率性を促すため、携帯電話サービスの提供企業（キャリア）の新規参入が促された。キャリア間の競争がソニーや富士通、NECなどの端末メーカーの参入を促した結果、携帯電話部門は一大産業となった。こうした新たな産業構造の変化はシュンペーターのいう非連続的な経済発展のイメージと重なるものである。

初期の移動通信体は車に搭載されるような、いわゆる車載電話であり、利用者は会社の重役などの一部のＶＩＰのビジネスマンだけであった。こうしたビジネスマンから「車を離れても通話ができるようにしたい」という要望があり、大きなバッテリーを肩かけふうにしたショルダーフォンなども販売されたが、徐々にバッテリーの小型化に成功、一九八〇年代末には、大衆向けのサービス提供を開始、一九九〇年には当時、世界最軽量の携帯電話が日本に登場する。

一九九〇年代初頭に始まった携帯電話産業であるが、当時の端末は「移動しながら通話できる電話」という程度のものであり、基本的にビジネスマンが、会社や顧客との迅速な意思疎通のために用いていた。よって、この時期の進歩はもっぱら、バッテリーの軽量化と小型化に集中していた。目指すべき目的が決まり、その経路に沿って単に適応をする場合、「連続的適応」と表現され、シュンペーターは、これを経済発展には含めていない。しかし、モビリティ（可動性）を追求した開発が行われる一方で、新たな市場を開拓しようという試みもまた、行われていた。

先行して流行していたポケット・ベルの機能をいち早く取り込んでメール機能を充実し、さらにインターネットとの接続を可能にしたことによって、この電話は「単なる移動電話」というカテゴリーから分離し始める。この流れに大きく貢献したのが「デジタル化」である。一九九八年、ＮＴＴドコモはインターネットに接続できるサービスを開始し、翌年の二月には、その後の同社の目玉となったｉ－ｍｏｄｅサービスを開始した。[*17] それまでの発展の中心的目的であったモビリティ（可動性）から、「情報端末」への移行が鮮明になり始めた。

二度目の非連続的変化

日本は、「情報端末としての携帯電話」の開発に、他国に先駆けて着手していた。インターネットと接続できるようになり、アプリケーション用のソフト開発という新たな産業を作り出す。しかし、この軌道における世界的な発展を主導したのは、日本では無くアメリカのスマートフォン産業であり、アップル社製のｉＰｈｏｎｅであった。

「スマートフォン」とは通話と同時に、インターネット上において様々なやり取りができる情報端末のことである。スマートフォンの登場以前に、持ち運びできる小型パソコンのような携帯用情報端末（PDA: Personal Data Assistant）が、一九九〇年代半ば、すでにアメリカにおいて大衆向けに販売されていた。これが携帯電話と融合してできたのがスマートフォンとされている。いわば、ＰＤＡ産業と携帯電話産業の新結合である。

スマートフォンの普及に関して何よりも欠かせないインパクトは、二〇〇七年にスティーブ・ジョブズによりもたらされた、アップル社のｉＰｈｏｎｅであろう。ｉＰｈｏｎｅの登場により、日本の携帯電話業界は一変する。日本で高機能な携帯電話端末を供給していたＮＥＣや富士通、日立、東芝、三洋、京セラなどの国内メーカーは、業界からの撤退や、合併・吸収を余儀なくされた。携帯電話産業の二度目の非連続的発展が生じたのである。

二〇一七年度の総務省の情報通信白書は、第一章の冒頭を「スマートフォン社会の到来」という節から始めており、その普及の速さ、利用状況や利用動向を詳しく論じている。総務省の調べによると二〇一〇年、スマートフォンの普及率は九・七パーセント程度であったのが、二〇一六年には七一・八パーセントに達し、固定電話の七二・二パーセントに近づいている。特に二〇代、三〇代の普及率は九〇パーセントを超え、四〇代も七九パーセント、五〇代でも六六パーセントがスマートフォンを所有している。スマートフォンの情報処理能力は一世代前のパソコンに匹敵し、その高い計算能力と多機能性により、音楽を聞いたり、映画やYouTubeなどの動画を見ることができる。また旅行に際して、旅館やレストランをネットで予約し、地図を調べて目的地までナビゲーションをさせ、また旅先で写真を撮り、ソーシャルメディア（SNS）に載せることもできる。さらにインターネットにつないで、ほぼパソコンと同様に情報検索することができる。さらに多様なアプリケーションによって、写真や動画の編集・加工、健康管理、ゲーム、音楽、さらには文書作成機能や表計算ソフトまでもカスタマイズすることができる……。スマートフォンの登場により、携帯用音楽端末やカーナビ、手帳など、従来使われていた様々な商品が不要となり、その需要は大幅に減少した。例えばスマートフォン端末の普及に従って、二〇〇九年には九一パーセントを占めていた固定電話の普及率も、二〇一六年には七二・二パーセントまで減少した。シュンペーターは、過去のイノベーションの結果を「旧結合」と呼ぶが、明治時代から続く「旧結合」としての固定電話の軌道は、もはや、決定的に時代遅れのものとなりつつある。スマートフォンの登場は携帯電話産業が出現したときと同様に、人々の常識を変え、その価値評価を大きく変更し、非連続的な発展を示している。[*18]

シュンペーターによると、こうした変化は技術進歩が決定的な要因となったのではなく、企業者が技術を応用し、使いやすい形にして世に送り出したからである。企業者は、技術的な発明を行う者を指すのでは無く、イノベーション（新結合）を生じて新たな市場を形成し、新しい産業を興す者のことを指す。

企業者が技術を応用した結果、新しい技術が現実の商品や生産手段に体現化され、市場に現れるのである。

しかし、携帯電話やスマートフォンのような新たな商品のイノベーションは、実際に技術的な発明とはいえないのであろうか。シュンペーターの考えていた技術とイノベーションの関係とはどのようなものかを次節で考えてみよう。

3 技術進歩とイノベーション

発明と革新

発明家あるいは一般に技術者の機能と企業者の機能は一致しない。企業者は発明家でもありうるし、またその逆の場合もありうるが、しかしそれは原理的には偶然に過ぎない。企業者そのものは新結合の精神的創造者ではないし、発明家そのものは企業者でもその他の種類の指導者でもない。彼等のおこなうことが異なっているのと同様に、彼等のおこなうことに対する適正も異なっている。すなわち、「行動」も「類型」も異なるのである。*19

技術がイノベーションの重要な要素となりうることは間違いない。技術により新たな商品が生じ、また新たな生産方法が開発されることで、消費者に行き渡る商品の量は増加する。シュンペーターが否定するのは技術のみが直接の経済発展の要因であるとする、単純な技術決定論である。技術や発明によるイノベーションの機会は本来、各所にすでに存在しており、活用される機会を待っている。しかし、企業者が新しい技術的機会を事業に結び付け、それを具体化することによってイノベーションを興さない限り経済発展は生じない。逆に、経済的機会が技術を促すことも多い。「特許」制度は、発明に対して使用料を課すことにより発明家のモチベーションを高め、発明を「有償」なものとした。仮に資本主義がここまで発達しなかったのなら、技術的発明はもっと少なかったかもしれない。産業が技術を発見し、応用して促進したのである。

携帯電話につながる技術

携帯電話が誕生するために必要な技術を考えてみよう。電線を通じて電気信号を送る固定電話とは異なり、携帯電話には、空気中を通る電気信号、すなわち電波を送受信するシステムが必要である。これを通信に応用する場合、送受信可能な距離の問題、利用可能な周波数の問題、一度に送受信される情報量のトラフィックの問題などがある。また、携帯電話やスマートフォン端末に必要な技術としては、バッテリーの小型化・持続性、小型カメラ技術、液晶画面やタッチパネルの技術、近距離のデータ通信に必要な Bluetooth、おサイフケータイや Apple pay 利用に必要な非接触系のＩＣタグ技術、ＳＩＭカードのような情報管理のためのＩＣチップ技術などがある。さらにインターネットの利用に必要なパケット通信の技術、音声を同じパケットで通信できるＩＰ電話の技術、そして携帯電話をソフト面から支えるオペレーションシステムの開発、アプリケーション技術の発達など、この商品が成立するためには膨大な量の発明の累積が必要であった。これらの技術はいつ、どのようにしてでき上がったのだろう。

無線技術に関しては、一八六四年に英国のジェームズ・マクスウェルが空間を伝わる電磁波の存在の可能性を初めて示し、一八八七年にはドイツ人のハインリッヒ・ルドルフ・ヘルツが実験によりその存在を証明して以来、様々な科学者が無線通信の可能性を探った。実用化に向けて問題となったのは微弱な電波をキャッチできる、感度の高い電波検出器の開発である。アマチュア技術者のグリエルモ・マルコーニは、ニッケルやアルミニウム粉末の入ったガラス管装置（コヒーラ）が電波の検出器として使えるのを発見し、一八九五年これを受信機として二・四キロメートルの無線通信に成功した。彼に続く技術者たちは変圧器によって電圧を上げて強力な電波を発信し、微弱な電波を感知する性能の良いアンテナを開発することで、通信距離を伸ばしていった。

最初はモールス信号が主流であった無線であるが、音声通信への道が探られることとなる。一九〇〇年、アメリカのフェッセンデンが一・六キロメートル離れた無線での会話に成功、そして一九一二年には日本人の鳥潟右一、横山英太郎、北村政次郎の三人が火花式送信機を使った無線電話を開発、彼等のイニシャルをとって、TYK無線電話機と名付けられた。[*20]

無線における技術的条件が累積的に積み重なり、移動通信サービスへの道は船舶無線という形で開かれていった。日本では一九五三年、一五〇MHzを使用した港湾船舶電話が使われ、さらに一九五七年には列車電話サービスが大阪―名古屋間で成立。一九六〇年代には新幹線の「こだま」や「つばめ」にも導入された。そして一九七〇年、大阪で開かれた日本万博博覧会において、電電公社が一〇年かけて開発してきた、世界初の携帯電話が誕生する。

無線という技術的な可能性の蓄積により、戦後には携帯電話への道は開けていた。しかし、これらの技術は「携帯電話」という形では応用されず、その登場は大阪万博を待たなければならなかったのである。

端末技術の開発はどうか？　一九八八年、普及を目的とした最初のアナログ型携帯電話が登場したが、重量が七五〇グラムもあり、ポケットに入れて持ち運べる大きさでは無く、また連続で通話可能な時間も長くは無かった。この重量の大部分はバッテリーの重さであり、ここに携帯端末のイノベーションの目的が明確化する。つまりバッテリーの軽量化と高性能化である。一九九〇年初頭の携帯電話の進化は、ビジネスに利用されることを念頭に、モビリティ（可動性）を改善するという軌道を漸進的、連続的に進んでゆく。この軌道における技術革新は確かに携帯電話産業から、すなわち経済の側の必要性から生じたものだ。

しかし、シュンペーターがイノベーションの定義において重視したのは、それが「適応的」反応では無く「創造的反応」、すなわち「既存の慣行を超える何かを行う」ということである。適応的反応とは、良く定義された目的に向かって連続的・漸進的に進歩してゆくものであるが、一方で創造的反応とは、「事後的に理解できるが、事前には絶対といっていいほど理解されない」ものであり、「社会と経済状況を恒久的に変化させ」、「新たな状況を生じさせるもの」[*21]である。既存の事実からは予測できない変化とは、例えば携帯電話産業やスマートフォンの登場であり、この産業を成立させるためには新しい知識や考え方が必要となる。これは携帯電話が登場した後に産業がどう適応するか、という「適応的反応」とは本質的に異なる。モビリティという問題解決のためのバッテリーの軽量化というプロセスは明らかに後者の適応的反応の方で、非連続的な変化を生じない。

携帯電話産業の進化はモビリティの追求、すなわち小型化・軽量化が当初の決め手であったのだが、この軌道におけるイノベーションと同時進行的に、製品自体の性質を変えるようなイノベーションも生じていた。すなわち「多機能化」である。多機能化は「携帯電話」という製品を「情報端末」という新しいカテゴリーへと変革させる流れを作る。この流れを可能にしたのがICTパラダイムにおける、デジタル化とネットワーク化であった。この技術革命の波は企業者たちを生み出し、次々とイノベーションを生み出して現代の経済発展を形成した。

既存の技術は企業者により応用され、経済発展を生み出す。他方で企業者たちは新たな技術開発の道筋を技術者に対し明らかにし、技術者はそれに応える技術革新を行ってきたのである。

携帯電話端末から見た「経済発展」

NTT技術史料館では、最初の商用移動体通信としての車電話から、近年我々が普通に手にしているスマートフォンまでの、その進化の過程を展示している。展示物の過去から現在までの変化を追ってゆくと、我々はわずかここ三〇年ほどの間に生じた携帯電話進化の中にさえ、様々な変化を見て取ることができる。家庭に据え置き型の固定電話の種類と比べたとき、携帯電話の種類や機能、デザインの多様さには圧倒されるものがある。この進化の背後には、携帯電話産業が示す可能性の多様性があり、企業が様々な試みを行った痕跡を見て取ることができる。

アームストロング銃や杭上家屋の例のように、携帯電話端末の変化が経済体系内部における非連続的変化を反映しているとするならば、固定電話と比べて異常なまでの多様性の出現には、何らかの「発展」が存在することになる。その発展の源泉を考えてみると、そこにあるのは「ＩＣＴパラダイム」である。インターネット技術とデジタル化により、精度の高い情報が送られるようになり、また音声データのみならず、画像や動画などもデジタル化され、サービスは多様化した。このサービスの多様化の結果、様々な可能性が試みられ、機種の多様性を生じた。ＩＣＴパラダイムの発展軌道は家電製品を刷新し、アナログ型の携帯電話は勿論のこと、かつてのブラウン管テレビやカセットテープ、ビデオデッキなどのアナログ家電機器は次々と姿を消していった。

デジタル化という概念自体は第二次世界大戦前からすでに存在していた。この技術が様々な分野に応用可能となったのは、トランジスタや半導体技術の発達によるものである。半導体に関する研究もまた、一九世紀のトーマス・ゼーベックやマイケル・ファラデーらによる、熱と導電性の関係の発見からすでに始まっている。一九三〇年代には理論的にその可能性が示され、一九五〇年代にはアメリカのジーン・ホーニーによって集積回路に応用され、特許出願されるに至る。携帯電話のアプリケーションをダウンロードするための情報処理には、より集積性の高いＬＳＩのようなチップが必要であるが、その基礎的な技術自体は一九五〇年代にすでに発明されていた。一九六〇年代からはいわゆるムーアの法則により、その集積密度は一八か月で倍となってゆき、一九八〇年代にはマイクロチップの量産が可能になるまでに至った。

情報革命に拍車をかけたのが、インターネットによるコミュニケーションシステムを中心とするＩＴ

革命である。インターネット技術もまた、一九五〇年代にはアメリカの国防総省内にある高等研究プロジェクト局により、軍事目的として研究されていた。そして、半導体技術、インターネット技術とともに一九七〇年代以降には応用化が進み、大規模な産業が生じた。これが、製造業中心であったそれまでの産業形態を大きく変えることとなる。

第3章、第4章でも再び論じるが、情報技術が主体となったこの大きな経済発展は、産業革命の一つとして数えられる。蒸気機関による大量生産が可能となり、それが生産に利用され始めた一八世紀末の第一次産業革命。送電網が整備され、エネルギーの主体が電力となり、そして化学産業が発達した一九世紀末の第二次産業革命。大量生産が可能となり、自動車の普及やロボットの導入が進んだのが二〇世紀中葉以降の第三次産業革命である。そして今日のICT革命、すなわち情報技術革命が第四次産業革命とされる。[*22] 革命の引き金となったのは、新たな欲求を創出し、生産要素に新しい価値をもたらすイノベーションと、そしてそれを主導した企業者たちであった。スマートフォンを開発したスティーブ・ジョブズもその一人であった。

4 企業者とイノベーション

企業者、スティーブ・ジョブズ

企業者であることは職業では無く、通常一般には永続する状態ではないから、企業者はもちろん研究が分類上つくる集団という意味では、一つの階級であるが…、しかし「階級構成」とか「階級闘争」とかに関連して考えられる社会現象ではない。企業者機能の履行は、成功した企業者およびその一族に対して階級的地位をつくり上げ、その時代に刻印を残し、生活様式や道徳的、審美的価値体系を形成することができるが、しかしそれ自体としてなんらかの階級的地位を意味するものでもなければ、これを前提とするものでもない。*23

古典派経済学以来、利潤の分配問題を考える際に地主や資本家などといった「階級」が設定され、分析対象とされてきた。しかし、シュンペーターは企業者を階級とはせず、「機能」と考えた。企業者はイノベーション（新結合）を担ったときにのみ現れる人間の性質のことであり、それ自体が階級を表す名称では無い。よって、どの階級の出身者でも企業者になることができる。そして企業者は、新結合によって新しい生活様式や道徳的・審美的価値体系、つまり、その時代の価値観を形成する。例えば「スマートフォン」というイノベーションをもたらしたのは匿名の技術者集団というよりも、カリスマ的な企業者がそれを市場に知らしめたことによる。

一九七〇年代、「コンピューター」という語は業務用の大型メインフレーム・コンピューターを指し、一般市民が手に入れられる代物では無かった。しかし一九七四年一二月、個人向けのコンピューター販売を目指していたエド・ロバーツの手により、アルテア8800という個人向けコンピューターが登場する。このパーソナル・コンピューターの出現はコンピューター・マニアたちを熱狂させた。彼らの一部はアメリカ西海岸のメンロパークにおいて、ホームブリュー・コンピューター・クラブという集まりを作った。ホームブリュー（homebrew）とは、自家醸造の酒を表している。つまり、どぶろくを作るように、自分たちでコンピューターを作ってしまおう、ということである。このクラブの創業者、フレッド・ムーアは、五〇年代カリフォルニア大学のバークレーで反戦活動をしていた活動家であった。当時、「体制」の象徴であったIBMに反旗を翻し、「コンピューターのパワーを個人に渡せ」という反体制活動の一環として「ホームブリュー・コンピューター・クラブ」は企画されたという。*24

ここには、後にアップル社を創業することになるスティーブ・ジョブズと、スティーブ・ウォズニアックが参加しており、彼等も個人向けコンピューターの可能性を探っていた。ウォズニアックは当時のクラブの雰囲気を自伝で次のように述べている。

ホームブリュー・コンピューター・クラブの人たちはみんな、人類に貢献するものとしてコンピューターをとらえていた。

公正な社会をもたらす道具として。コンピューターが安くなれば、昔なら考えられなかったようなことを誰でもできるようになるはずだ。でもそのころ、コンピューターを買えたのは大企業だけだった。つまり、大企業だけが中小企業や一般の人にはできないことができたんだ。僕らはそうした状況を変えたかった。

そういう意味で僕らは革命家だったといえる。*25

一九七五年六月二九日、彼らはクラブに参加して四か月弱でアップルⅠというパーソナル・コンピューターを作り、一九七七年には「キーボードとモニターのセット」という現在のパソコンの原型となったアップルⅡを発表する。アップルⅡには発売直後から注文が殺到し、一九八〇年には八〇万台、一九八四年には二百万台を超える大ヒットとなった。企業者ジョブズの成功とともに、大衆がコンピューターを個人的に所有する時代が幕を開けた。

スマートフォンと破壊的イノベーション

アップルⅠから三十二年後の二〇〇七年、ジョブズはスマートフォン文化を世界中に広げたiPhoneを発表する。彼は携帯電話を指摘し、直観的に使用できるタッチパネルとアイコンというデザインを採用した。彼はサンフランシスコで開かれたマックワールドエキスポ2007においてiPhoneのお披露目をした際、その壇上でiPhoneを使ってアマゾンのDVDランキングを見たり、グーグルマップで会場の位置を示したり、またスターバックスを検索して電話をかけ、店員に対し冗談で「四〇〇〇杯のコーヒー」を注文する、といったデモンストレーションを披露して見せた。彼はワールド・

デベロッパー・カンファレンス2010の基調講演の壇上でiPhone4の発表を行い、その最後を次のような文言で締めくくる。

アップルは単なるテクノロジーの会社ではない。たとえ、アップルが最先端のテクノロジーを知り尽くしている会社であるにしてもだ。そこにリベラル・アーツの人間性を融合したもの、それがアップルを際立たせているものなのである…。[*26]

ここに出てくるリベラル・アーツとは、自由な精神や批判的精神を育むための教養的知識のことである。彼は単に技術的知識による特殊な問題解決を目指していたわけではない。

ジョブズのポリシーとして、「コミュニケートのデザイン」という考え方がある。近年、エンジニアリングの分野でも認知科学の成果を使い、洗練されたインターフェイスとは何か、を解明しようという試みがある。[*27]確かに「技術」の力は強力で、その製品の性能や使いやすさを制限するかもしれない。しかし製品の良し悪しを決めるのは、先端技術をどのようにユーザーが使いやすいようにデザインするか、ということとの中にある。例えばマイクロソフトのウィンドウズもその一つであろう。最新技術が一般の人にも直感的に、自由に使うことができる、ということが重要なのだ。経済的な問題ではないにもかかわらず、デザインの変更は、生産の、さらには産業の再組織化を促し、経済領域に大きな変動をもたらす可能性がある。

デザインは技術と生活空間の接点である。ジョブズはワールドエキスポの壇上で「電話の再発明」を宣言した。彼はｉＰｈｏｎｅを単なるデバイスとして設計したのではなく、新しい生活スタイルを創出するものとしてデザインした。日本の携帯電話は当時、技術的に最先端を走っていたのだが、技術的な問題以上に使いやすさや生活スタイルといった、「デザインの差」が日本の携帯産業に大きな衝撃を与えることとなる。

ハーバード・ビジネススクールのクレイトン・Ｍ・クリステンセンは、技術的に最先端からは劣るが、新しい顧客を開拓し、最終的には既存製品の顧客を奪ってしまうようなイノベーションを「破壊的イノベーション」と呼んだ。ｉＰｈｏｎｅの持つインパクトは日本の携帯電話産業にとって、破壊的イノベーションであった。スマートフォンが発売される二〇〇七年以前、日本の携帯電話はすでに、ネットワーク接続やアプリ機能、銀行振り込み機能、地図機能も備えていた。しかし、ジョブズは電話の単なる拡張としての「携帯電話」から脱却を図り「パソコン」に近いイメージを定着させ、さらに徹底したアプリケーション戦略により、ｉＰｈｏｎｅ向けのエコシステム（生態系）を構築した。ｉＰｈｏｎｅの登場は携帯電話の端末産業の地図を大きく塗り替え、社会経済の構造を一変させた。玉田俊平太はアップルのビジネスモデルについて、「インベンターよりもイノベーターが生き残」った例と考える。新商品開発において最先端の技術的知識を持っていることは必要条件であるが、イノベーションが経済的に成功するための十分条件ではないのである。[*28]

ＩＣＴパラダイムと『経済発展の理論』

固定電話の通信としての技術はこの一〇〇年余りで適応的に進歩した。しかし、近年わずか三〇年余りの間に、その進化の連続性を説明できない非連続的な発展が、日本の電話産業に二度も生じている。ダイヤル式の固定電話を使用していた昭和時代に、後数十年後に移動通信体がこれほどまでに普及し、テレビ電話が当たり前になるような時代が来ると誰が予想できたであろうか。さらに最新機器として登場した携帯電話が、今度はスマートフォンに取って代わられるということを、誰が予測できただろうか？

一九七〇～八〇年代あたりから始まったICT革命という大きな経済発展の流れにおいて、世界経済も大きく変容しつつある。科学革命のT・クーンの言葉を借りるのであれば、アナログからデジタルへの移行は、一つのパラダイムの変化といえる。「ICTパラダイム」がもたらした経済発展の波は、世界経済の景気に対して長期的に大きな影響を与えている。

また、新しいパラダイムの波に乗ったジョブズのような企業者の出現により、様々なイノベーションが生じ、我々の社会自体も大きく変容しつつある。ジョブズは携帯情報端末の使い方の新しい「モデル」を示し、それが我々の生活をも一変した。スマートフォン上のアプリ産業も、雇用を生み出す一大産業となりつつある。また、ICTにおけるネットビジネスは、我々の将来も変えるかもしれない。

こうした大きな経済変動を説明するモデルを与えてくれるのが『経済発展の理論』である。同書には、「イノベーション」として知られることになる現象に関して、シュンペーターの様々なアイデアが詰め込まれている。特に企業者がどのように利潤を上げるかという問題について、彼は独創的な解決策を示した。

第2章では、「企業者の利潤」に注目しつつ『経済発展の理論』を読み解いてみよう。しかし、同書を何の知識もなく読むのは難しい。よって次章の冒頭では、彼が影響を受けた経済学者や学派間の論争など、事前の知識を用意した。企業者がなぜイノベーションを興すことで、莫大な利潤を上げることができるのか、同書を基にして考えてゆこう。

＊1 アダム・スミス、『国富論』、二巻、一八九ページ
＊2 トマス・マクロウによると、『経済発展の理論』が出版された当初、ハーバード大学のある教授は、「経済的な自己利益が常に人間行動の主要な動機としたアダム・スミスの教義の修正」として、同書を称賛したという。（トーマス・マクロウ『シュンペーター伝――革新による経済発展の預言者の生涯』、八八ページ）
＊3 ヴェーバーは『プロテスタンティズムの倫理と資本主義の精神』において、一六世紀、宗教改革を通じてローマ・カトリックに抵抗したプロテスタンティズムの精神が、資本主義的な合理性を形成する契機となったことを議論した。
＊4 マックス・ヴェーバー、『社会科学と社会政策にかかわる認識の「客観性」』、一一一ページ
＊5 ジョセフ・アロイス・シュンペーター、「企業家精神の研究のためのプランへの論評」、『資本主義は生きのびるか』、三三〇－三三一ページ（引用の括弧内は筆者の加筆）
＊6 菊地均、『シュンペーターの資本主義論』、一七六ページ
＊7 ジョセフ・アロイス・シュンペーター、『景気循環論』、I、一二一ページ
＊8 『景気循環論』、I、一二四ページ
＊9 沢井実、谷本雅之・著、『日本経済史』、三七〇ページ
＊10 詳しくは中谷巌『入門マクロ経済学』など、マクロ経済学のテキストを参照のこと。
＊11 ジョセフ・アロイス・シュンペーター、「経済史における創造的反応」『企業家とは何か』、八八ページ
＊12 ジョセフ・アロイス・シュンペーター、『経済発展の理論』、上巻、一八二ページ
＊13 ジョセフ・アロイス・シュンペーター、『理論経済学の本質と主要内容』、上巻、三九三－三九四ページ
＊14 『理論経済学の本質と主要内容』、上巻、二九八ページ
＊15 『理論経済学の本質と主要内容』、上巻、三〇一ページ
＊16 これらの写真は、ＮＴＴ技術史料館の協力により掲載に至

ったものである。この資料を提供してくれたNTT情報ネットワーク総合研究所の小川理恵氏には、深く感謝したい。

*17 森島光紀、「移動通信端末・携帯電話技術発展の系統化調査」『国立科学博物館技術の系統化調査報告』vol.6

*18 ただし、シュンペーター自身も『景気循環論』で認めている通り、連続性と断続性を判定することは本来容易ではない。この問題は本書の第3章で扱われる。

*19 『経済発展の理論』、上巻、二二九－二三一ページ

*20 「移動通信端末、携帯電話技術発展の系統化調査」『国立科学博物館技術の系統化調査報告』vol.6

*21 ジョセフ・アロイス・シュンペーター「経済史における創造的反応」『企業家とは何か』、八九ページ

*22 しかし、第三次産業革命と第四次産業革命という呼称については、研究者の間においてコンセンサスがあるわけではない。ドイツ政府の掲げる「インダストリー4・0」では、IoT革命を第四次産業革命と呼んでいる。

*23 『経済発展の理論』、上、二〇八ページ

*24 高木利弘、『ジョブズ伝説』、七五ページ

*25 スティーブ・ウォズニアック、『アップルを創った怪物』、二〇一ページ

*26 『ジョブズ伝説』、三四四ページ

*27 例えば、ドナルド・A・ノーマンの『誰のためのデザイン？——認知科学者のデザイン原論』や、原田悦子編の論文集『「使いやすさ」の認知科学——人とモノとの相互作用を考える』などがある。前者は一般向けであり、非常に読みやすく面白い。

*28 玉田俊平太、「ガラケーを破壊したスマートフォン」『日本のイノベーションのジレンマ——破壊的イノベーターになるための7つのステップ』

第2章

スマートフォンが生み出した利潤とは

『経済発展の理論』の読み方

本章では長大な『経済発展の理論』を、
「静態と動態」、「利子と利潤」、「景気循環」という3つのまとまりに分け、
スミス、マルクス、ワルラスなどの先人たちの理論とも比較しつつ読み込んでいく。
20世紀初頭に書かれたこの名著の持つ画期的な理論が、
約100年後、iPhoneの登場を背景にした
アップルという企業の成功物語という形で現実社会において結実したことにより
シュンペーター理論の持つ現代性は大きく注目された。

1 『経済発展の理論』への道筋

企業者利潤とアップルの復活

アップル社は一九九〇年代後半、業績が低迷し巨額の赤字に苦しんでいた。現在のパソコンの原型となった「アップルII」や「マッキントッシュ」で一世を風靡したアップルであったが、主力のデスクトップ型コンピューター産業は後発のマイクロソフトのOS（オペレーティング・システム）に牛耳られ、主戦場における業績が低迷していた。スティーブ・ジョブズも経営不振の責を負わされ、一九八五年以来、名前だけの会長職に追いやられていた。しかし、危機感を持ったアップルの経営陣が彼を引き戻し、一九九七年に臨時CEOとして復帰を果たした後、彼は次々と新商品を発表していった。インターネットにすぐに接続できるiMac、音楽をダウンロードできるiPod、そして二〇〇七年には画期的な高機能情報端末、iPhoneを市場に投入し、アップル社に莫大な利益をもたらした。アップルはイノベーションによって復活を遂げ、二〇一八年には時価総額で世界最大の企業となった。iPhoneが先鞭を付けたスマートフォン産業には韓国のサムソンや米国のマイクロソフト、中国のファーウェイも参入し、産業を活性化させた。またアップルはiPhone用のアプリケーションをアップ・ストアで販売し、アプリ産業はスマートフォンの隆盛とともに一大産業となった。ジョブズはイノベーションによってアップルを救ったのである。

ジョブズの人物像は、よくシュンペーターの企業者像と対比される。ジョブズをシュンペーターで説明しようという著作もある。[*1] 実際、ジョブズは『経済発展の理論』に登場する「企業者像」に非常に近い。そしてアップルの復活の背景には、イノベーションによる「企業者利潤」があった。時価総額が今や世界一位となったアップルの成功の本質を解明するために『経済発展の理論』は非常に役立つ。

本章では『経済発展の理論』に基づいて「理論的」に、企業者の特質やイノベーションによる企業者利潤について考えてみよう。同書においてシュンペーターは、通常の経済学では分析し得ない動態的な「経済発展」の問題に焦点を当て、この現象を理論化しようとした。この理論における分析の対象となったのが「企業者利潤」や「景気循環」の解明である。

『経済発展の理論』について

今から一〇〇年以上前の一九一一年の晩秋、『経済発展の理論』の初稿がドイツの出版社、ドゥンカー・アンド・フンブロット社（Dunker & Humblot）に届けられた。同書の発表年について、一九一一年の秋には初稿が書き上げられ、コピーが印刷されたにもかかわらず、出版年が一九一二年となっていることに議論がある。シュンペーターは初版の序文に一九一一年七月とサインをしていることから、この時点ですでに大方の執筆は終わっていたと考えられ、彼自身も執筆終了年を一一年の秋と記録している。[*2] 同書を執筆する前の一九〇八年、彼はすでに処女作である『理論経済学の本質と主要内容』を執筆しており、『経済発展の理論』は彼の二作目となる。同書は出版から間もなくドイツやオーストリアといったドイツ語圏だけではなく英国、米国、フランス、イタリア、スカンジナビア諸国において反響を呼び、彼の名声を国際的なものとした。

『経済発展の理論』の大きな特徴は「経済理論」と「歴史理論」を融合しようとしたその試みにある。歴史上のでき事は、なぜそれが起きたのかを遡って説明することはできるのだが、いろいろな個別の要素や固有の環境に左右され、でき事の因果関係を特定したり、完全に説明することが難しい。また、こうした様々な要素ゆえに、歴史上の同じ現象が繰り返し生じるとも限らない。それに対し、シュンペーターが崇拝したワルラスの純粋経済理論は、経済要素間において「不変」と見なし得る関係を「関数」によって表した理論である。例えば、「財を消費するとき、消費する量を増やしていくごとに追加的な一単位に対する満足は減少する」といった関係を「法則」として関数で表す。経済理論と歴史理論は本来、別の方法として扱われるべきものなのだが、彼はこれらを「静態」と「動態」として解釈し、一つの理論体系内にまとめ上げた。結果としてユニークな理論ができ上がったわけだが、異なる方法を組み合わせて一つの体系としたこの手法は批判も受けた。

シュンペーターはどのように「経済発展」の構想に至ったのか。これを考える際、彼が学生時代に受けた、様々な刺激からの影響を知っておくべきであろう。彼はウィーン大学というオーストリア最高峰の大学で幅広い教養と経済学の専門知識を身に付け、大学のゼミでは対立する学派間の経済論争を目の当たりにした。『経済発展の理論』の詳しい読解に入る前に、まずは彼が学生時代に影響を受けた理論や論争を振り返ってみよう。

ウィーン大学時代

ウィーン大学はオーストリア・ハンガリー帝国における第一の大学であり、そこに入学したということは、オーストリアにおいて最も優れた学問に接する機会を得たことを意味する。当時、経済学は官吏任用のための国家試験の必修科目であり、官僚を育成する目的で法－国家学の一部として教えられていた。[3]よってシュンペーターが入学したのも法学部であったのだが、ウィーン大学では世界的な経済学者が教鞭をとっており、ドイツ語圏において経済学を本格的に学べる数少ない大学のうちの一つだった。

シュンペーターが履修したコースは法律学、経済学、歴史学に重点が置かれていたが、[4]その他にも財政学や数学等、経済学に必要な関連科目も豊富であった。シュンペーターは入学当初、法制史や法学、経済史等を重点的に学んでいるが、学年が進むにつれ経済理論への興味を示し始める。彼は一九〇三年から経済学や財政学の講義を履修し始め、「経済学演習」は履修登録の最終年、一九〇五年まで毎期、履修している。[5]

ウィーン大学では経済学に革命をもたらしたオーストリア学派[6]の始祖カール・メンガーが教鞭をとっていた。しかしシュンペーターが経済学を履修し始めたころ、すでに六〇歳を超えていたメンガーは引退し、彼の弟子でオーストリア学派の第二世代であるオイゲン・フォン・ベーム＝バベルクと、フリードリッヒ・フォン・ヴィーザーが経済学を担当していた。シュンペーターは彼ら、オーストリア学派第二世代から経済学を教わることとなる。

メンガーに代表されるオーストリア学派の経済学を簡単に紹介しよう。メンガーは、イギリスのジェボンズ、そしてフランスのワルラスとともに、それまで定式化されてこなかった「需要サイド」の理論を取り入れ、近代経済学（新古典派経済学）の基礎を形成した立役者の一人である。[7]消費者の持つ主観的な価値観を理論化することにより、彼らはそれまでの労働価値説、すなわち労働のみが商品の価値を生み出すという説では説明できなかった価値を説明することができるようになった。

消費者が物を消費することで得られる主観的な満足を効用と呼ぶ。効用は、財の消費量を一単位増加するごとに、その増加分は減少していく。例えば、食べ物でも日用品でも、最初の一つを消費するときの満足が最大であり、次々消費してゆくごとに満足を感じる度合いは減少していく。これを限界効用逓減の法則という。最終的に生産され消費される商品の満足は、その生産に必要な資材や機械の価値をも決定する。すなわち、ある商品の価値の中には、それを作る材料や労働の価値も含まれているのである。これを帰属理論と呼ぶ。メンガーの理論は弟子のベームやヴィーザーに受け継がれた。

しかし、シュンペーターが学生時代に強く影響を受けたのは、オーストリア学派ではなく、フランスのレオン・ワルラス[*8]であった。ワルラスもまた、効用による需要理論を構築したのだが、彼は市場の秩序を力学のような力の均衡状態と同一に見なし、商品の市場や資本市場、労働市場などが同時に均衡に至るという一般均衡理論を関数として示した。ワルラスのアイデアは主流派の経済学に採り入れられ、一般均衡理論は現代のミクロ経済学の中心的理論の一つとなった。ウィーン時代、シュンペーターはワルラス流の、数学を用いて力学的に均衡を分析する経済学に興味を持ったのである。

アダム・スミス以来の古い経済学（古典派経済学）では、労働が商品の価値を決定するという労働価値説が支持されていた。彼らは商品の価値が、労働者が働いた量によって示されうると考えた。しかしオーストリア学派や新古典派はこれを批判し、「効用」を消費者の満足を表す尺度とした。労働は「労働時間」という、ある程度客観的な尺度で測定できる。しかし需要は個々人の満足が関わる主観的な価値観なので測定ができない。フランスのワルラスや英国のマーシャル等の新古典派は、供給については古典派の労働価値説を一部受け入れ、生産費用については生産に投下される労働や資本の価値（賃金や材料費）と捉えた。しかしメンガーやヴィーザー、ベームらのオーストリア学派は主観的効用分析を生産部門にも拡張し、「機会費用」[*9]や「帰属理論」といった概念の中に採り入れたのである。

シュンペーターの指導教官の一人であったベームは、古典派の労働価値説を批判的に受け継いだマルクスの理論を新しい経済学の立場から批判しており、彼のゼミでは、マルクス主義者との論争が交わされていた。このベーム・ゼミはシュンペーターの発展理論の形成や、彼の人生に対して、大きな影響を与えることになる。

ベーム・ゼミと価値論争

カール・メンガーの一番弟子であるオイゲン・フォン・ベーム＝バベルクはメンガーの弟子であり、ウィーン大学卒業後、オーストリア・ハンガリー帝国の大蔵省官僚を務めていた。官僚を退官してからは大学において、古典派以来の資本・利子理論を近代的理論に整備するという作業に専念していた。

一九〇五年、シュンペーターが出席したベームのゼミナールには、後にオーストリア学派の第三世代となるルートウィッヒ・フォン・ミーゼスの他、マルクス主義者のエミール・レーデラー、ルドルフ・ヒルファーディングやオットー・バウアーなどが参加し、ベームと激しい論争を繰り広げた。[*10]このゼミに出席していたシュンペーターもまた、バウアーやヒルファーディングと、彼の師であるベームとの激しい議論を聞いている。ゼミでの彼の態度は評価が難しい。ゼミ出席者や彼の知人の叙述に頼るしかないのだが、友人であり後にハーバードの同僚となるゴットフリート・ハーバラーによると「ベームとマルクス主義者たちの白熱した討論の中で、その冷静かつ科学的超越性によって、一般の注意をひいて」いたという。しかし、シュンペーターもミーゼスも議論をリードするだけの準備はできておらず、[11] またミーゼスにとってシュンペーターは「混乱した軽薄な学者」であった。「彼は常に周囲に自分をひけらかそうとしただけでなく、新古典派の科学主義の罠に陥り、輝かしいオーストリアの伝統を放棄[12]」したからである。

ベーム・ゼミでは、どのような論争が繰り広げられていたのだろうか。論争のヒントとして、ベームのマルクス批判がある。ベームは著作において、マルクスの価値論を批判していた。マルクスは古典派を引き継ぎ、商品の価値が労働から与えられると考えた。そして、なぜ剰余（売上－費用＝剰余）が発生するかという問いについて、労働者が超過労働で生産した分を資本家が搾取したからだと考える。労働者に長時間労働をさせて生産を増やし、賃金以上の時間外労働をした部分に関しては雇い主たる資本家が懐に入れてしまう。こうしたマルクスの「搾取」論に対しベームは、実際に生じた剰余が労働以外の資本投下によるものであることを指摘する。

ベームは剰余（利潤）の超過が搾取ではなく、価値が「時間」によって異なることによる「時間選好」の結果であることを説く。主観的に考えると、現在持っているものは、将来手に入れるだろう同じものよりも価値が高い。同じ目的を達成するとき、早く済む方法と時間がかかる方法があるとすると、誰でも早く済む方を選ぶであろう。こうした選好を持つ人間が、わざわざ設備や資本財に投資をして生産するのはなぜだろうか？　回り道をするということは、現在ある資源をあきらめて、将来手に入るだろう財のために使うということだ。資本財に投資をするということは、それが最終生産財の価値か、もしくは生産性を向上させるという主観的な期待があるはずである。すなわち利潤とは、時間選好に基づいた、将来に対するプレミアムなのである。マルクスは「賃金前借」の仮定を置いているが、そうである場合、生産が始まる前に、不確定な将来財に対する時間選好の考慮なしに、商品の全額を労働者へ分配せよという無理な主張をしていることになる。

ベームのマルクス批判に対し、社会主義者のヒルファーディングが反撃した。マルクスの価値論は社会的な視点から分析されているのであって、個人の主観的な行為からの分析は無意味である。市場経済において、価値は社会や個人の生産に必要な労働、もしくは生活を維持するために必要な労働が決定するのであって、最終財の使用価値に対する主観的な評価によって決定されるものではない。

八木紀一郎によると、このゼミは参加者に対し「意識的組織を欠いた社会的生産における情報の伝達様式という問題を参加者に認識」[*13]させたという。シュンペーターがここで「個」と「社会」の関係について考える機会を持ったことは恐らく重要であろう。なぜなら「企業者」よるイノベーションという個別的な現象と、「経済発展」という経済全体を動かすマクロ的現象の相互作用をどのように説明するかが、シュンペーターの理論の課題となっているからだ。

シュンペーターにとって、オーストリア・マルクス主義者との交流はいい刺激となり、彼がマルクスの構想に触れる一因となった。そして、シュンペーターを含む参加者の幾人かは、後にドイツやオーストリアにおける社会化委員会に参加し、さらにカール・レンナー内閣において議論を戦わせることとなる。

法学の学位を得てウィーン大学を卒業した後、彼はボン、パリ経由でロンドンに遊学した。彼は設立された間もないロンドン・スクール・オブ・エコノミクスの社会学部の研究生となり、その後、カイロにて弁護士事務所に勤めながら最初の著作を書き上げることになる。

『本質と主要内容』と方法論争

ロンドンを去った後の一九〇八年、シュンペーターはエジプトのカイロで弁護士として働くこととなった。仕事の傍ら、彼はウィーン大学における「ハビリタチオン」(講義資格取得試験)のため、最初の著作『理論経済学の本質と主要内容』(以下『本質と主要内容』)を執筆する。*14 彼自身も同書の中で述べている通り、この本は、ワルラスの一般均衡理論のような純粋な経済理論を、社会政策研究と歴史研究が多勢を占めていたドイツ語圏の研究者に伝えるという目的を持っていた。

ワルラスは基本的な考え方をアダム・スミスから受け継いだ。各人が自分の満足を最大にするように商品を選び、企業も自社の利益を最大化するように行動すれば、経済の参加者全員の経済状態は最も良い状態、つまり均衡状態に達する、というものである。彼はこれを力学的な関数で表記したのである。

ワルラスは分析する時点(瞬間)で各経済主体が最も良い状態に達するにはどうしたらよいかという問いを立てる。例えば今現在の日本のすべての経済主体が持つ商品やサービスをすべて列挙し、それに対するニーズをすべて列挙できたとしよう。もっとも単純化して考えると、供給者の側からはここには小麦が余っている、ここには海産物に余剰がある、ここでは人手が余っている、ここで発電できる電力は十分であり、他の場所に供給できる……等のリストがあったとしよう。一方需要側のニーズとしては、生産のための木材が足りない、介護のための人手が足りない、ガソリンが足りない、米がもっと必要である……、等のリストが存在する。各経済主体の欲求は「価格」を媒体として各々が「セリ」のようなものを行い、すべての買い手の提示額と売り手の売値とが模索を通じて一致したところで均衡が決まる。この均衡点では、皆の満足が最も大きくなるとされる。

ワルラスの考える均衡状態では「時間」は考慮されておらず、個人が商品を選ぶ嗜好や、企業が生産に使用する技術などの条件（与件）は変化しない。しかし、シュンペーターは『本質と主要内容』において、与件が歴史的に変化するケースについて言及し、こうした均衡理論が扱いえない問題を「動学的問題群」と呼び、純粋経済学以外の周辺領域における（例えば歴史学や社会学、人類学）の範疇とした。現実の経済史を考えた場合、環境の変化や体系内部からの変化により、その「与件」は常に一定とは限らない。こうした『本質と主要内容』における問題意識は、後の『経済発展の理論』へとつながることとなる。

シュンペーターが経済を学び始めた時期、一八八〇年代から長く続いていた「方法論争」と呼ばれる経済史家と純粋理論家の長い論争が、ようやく幕引きを始めたころであった。ドイツ歴史学派の大御所、グスタフ・シュモラーのような社会政策家・経済史家は個別的、具体的な経済問題を分析しており、他方でワルラスやメンガーといった自由放任主義を受け継ぐ経済理論家は、経済現象に法則性を認め、理論化を試みていた。歴史学者は経済学において、厳密な法則があるかどうかを問題とし、理論家は理論が分析にとって有用であることを説く。ドイツでは当時歴史学派が優勢であり、シュンペーターの『本質と主要内容』は純粋理論の解説書であったので、歴史学派のシュモラーから痛烈な批判を浴びた。[*15]

彼は抽象的思考の極みに到達し、「経済の本質など国民経済学者にとってはどうでもいいことである」、と述べた。彼はいわばわれわれの科学を構成する主題の大部分の在庫売り尽くしを企て、それらを隣接科学に売り払おうとしている。したがって、人間と自然、労働と資本、人口、経済組織および勢力の問題といったすべての社会政策的なものは、純粋理論に属するものではなくなる。現実主義的、歴史的国民経済学などというものは、半ば好意から、半ば上から教え込まれるものであり、陳腐な問題に関わっているのであって、およそ学問的では無いとされる…そのようにきわめて狭い領域への限定によって、彼が万病を治す賢者の石を発見したのかということである…この著作に同意する読者は、抽象的命題を現実に直接適用できるものとみなし、その命題が別の宇宙にある国民経済のものだということを忘れてしまう。これは好ましいことではない…[*16]

シュンペーターが『本質と主要内容』を執筆した理由は、こうした歴史学派の主張に対し、方法論の観点から、純粋経済学の適用範囲を丁寧に説こうとするものであったのだが、シュモラーの論評からもわかる通り、その努力は簡単には報われなかった。しかし、純粋理論から歴史的要因を考えるという作業から、前述の「動学的問題群」が抽出されたのである。

カイロにて最初の書籍を書き上げた彼は、大学教員となるための「ハビリタチオン」（講義資格取得試験）を取得するためロンドン経由で再びウィーンへと戻る。ハビリタチオンの試験監督は彼のウィーン大学の師であったヴィーザーとベームが受け持ち、口頭試験と著作『本質と主要内容』への審査が行われた後、彼は合格した。ベームの助力によりウィーン大学で短期間、私講師（無給講師）としていくつかの講義を担当した後、彼は辺境のチェルノヴィッツ大学に講師として赴任する。彼は社会学に関する授業を含むいくつかの講義を受け持ちつつ、一九一一年の暮れには、大著、『経済発展の理論』を完成させた。彼のユニークなアイデアがちりばめられたこの著作は、世界的に大きな反響を呼ぶこととなった。そして翌年の一九一二年に同書を出版した後、彼はチェルノヴィッツ大学を離任する。

『経済発展の理論』の後のシュンペーター

『経済発展の理論』を出版した後のシュンペーターについて簡単に触れておこう。彼の人生は順風満帆かと思われたが、あまり幸運には恵まれなかった。一九一一年にグラーツ大学へと転任した後、一九一四年に生じた第一次世界大戦はシュンペーターの人生に暗い影を落とす。オーストリア・ハンガリー帝国の大公の暗殺に始まったこの戦争は一九一八年まで続き、七千万人の人口を誇っていた帝国も敗戦により分割され、六百万人程度の小国となった。ヨーゼフ皇帝の後継者であったカール一世は退位し共和制が敷かれたが、人民の不満から社会主義の勢力が拡大しつつあった。シュンペーターは政治に興味を示し始めた。

一九一九年二月、シュンペーターはグラーツ大学を休職して、ゼミ仲間であったヒルファーディングやレーデラーの招きによりドイツ社会化委員会に参加する。その後ヒルファーディングとオットー・バウアーの推薦を受け、オーストリアのカール・レンナー内閣の大蔵大臣に就任することとなった。しかし社会民主党の率いる内閣において彼は唯一の非社会主義者であり、他方で保守派からは社会主義者と疑われ、困難な状況下で職務を遂行しなければならなくなった。さらに悪いことに、ゼミの友人であり外務大臣であったバウアーとも対立するようになる。政治的な対立や、自身の政治家としての資質の欠如もあり、最終的には鉱山会社売却にかかわるスキャンダルに巻き込まれ、バウアーとともに政権を去ることになった。*17 また、休職の長引いたグラーツ大学も一九二一年に辞職することとなる。

シュンペーターは一九二一年四月、今度はビーダーマン銀行の頭取に就任する。高額な給料を得ていた彼であるが、一九二四年、弱体化したオーストリアを襲った経済危機により、この銀行も経営危機に陥り、彼は解任された。さらに彼は、テレジアヌム時代の級友の事業の保証人を引き受けており、銀行倒産と融資保証のため全財産を失ったうえ、返済に一五年も要する借金まで抱えてしまった。

シュンペーターは研究職への復帰を願った。東京大学も彼を招聘しようとしたが、結局一九二五年、シュピートホフに招聘されてボン大学の教授となる。同大学において彼は『経済発展の理論』の第二版を出版し、旺盛に研究に打ち込んだ。ようやく安定したかに見えた彼の人生だったが、一九二六年、最愛の母と妻、そして生後三時間の子を一年のうちに亡くすという大きな悲劇に見舞われた。彼は研究に没頭し、大量の論文を書いた。

一九二七年以降、シュンペーターはハーバード大学に客員教授として赴くこととなった。何度か同大学で教鞭をとった後、一九三二年に彼はハーバードに正式に着任する。シュンペーターは一九五〇年に人生の幕を閉じるまで、残りの生涯をアメリカで過ごすこととなった。

アメリカ時代のシュンペーターは意欲的に研究活動を続けるが、同時期にマンチェスターのケインズ学派が勃興し、彼の業績はその陰にかすみがちであった。一九三九年に満を持して『景気循環論』を出版するも、一九三六年に出版されたケインズの『雇用・利子および貨幣の一般理論』の陰に隠れ、また彼の冗長で難解な文章は経済学者の間でも評判が良くなかった。ポール・サミュエルソンを筆頭とする彼の弟子の多くはケインズが起こした新しい経済学に魅了され、それを取り入れていった。しかし、シュンペーターはその生来の寛容をもって、それを受け入れた。その後の著作の『資本主義・社会主義・民主主義』（一九四二）は広く研究者や大衆の支持を受け、現代でも古典として読み継がれている。さらに遺作となった『経済分析の歴史』（一九五四）はギリシア時代から二〇世紀までの経済学史を網羅し、経済分析がどのように発展していったかが記述されており、経済学史における重要な文献の一つとなっている。

2　静態と動態：純粋理論と発展

『経済発展の理論』の内容

シュンペーターは一九〇九年、帝国の東国境にほど近い、辺境のチェルノヴィッツ大学に、臨時とはいえ准教授として就任する。同大学では一九一〇年に「経済恐慌の本質について」という論文を執筆し、「国家と社会」という題目で連続講義を行った。そして一九一一年、『経済発展の理論』を書き上げることとなった。初版の序では、この本が『本質と主要内容』の姉妹本であること、一九〇五年に恐慌問題に取り組んだことが執筆の発端であること、その解明のための理論には根本思想があり、それは「経済発展」への志向を持つものであること等が記されている。注目すべきは、彼が「科学的精神」による現象の解明を宣言していることであろう。社会科学に対して自然科学的方法の単純な適用を否定し、主観主義を掲げていたベームやヴィーザーはこれを苦々しく思っただろう。[*18]

初版から十年以上経過した一九二六年に本書は増版されることが決定した。さらに一九三四年にはR・オピエの翻訳によって英語に翻訳され、さらに一九三七年、ボン大学においてシュンペーターの弟子であった中山伊知郎と東畑精一により日本語に翻訳された。序章でも述べたが、現在日本で読むことのできる岩波文庫の同書は一九七七年にさらに改定されたものである。この翻訳には、戦後日本のシュンペーター研究の第一人者、塩野谷祐一が加わっている。本書では、誰でも文庫として手に入れることのできる、この第二版を使って『経済発展の理論』の解説をしよう。同書の目次は次の通りである。

第一章　一定条件に制約された経済の循環
第二章　経済発展の根本現象
第三章　信用と資本
第四章　企業者利潤あるいは余剰価値
第五章　資本利子
第六章　景気の回転

第一章と第二章では、彼の経済学の基本となる「静態」と「動態」の区別が議論される。これは、純粋経済学をいかに彼の歴史的発展理路の中に統合するか、という問題である。第三章〜第六章までは、

「静態」と「動態」がどのように経済を説明するかの応用問題と言える。第三章においては「信用」について、第四章と第五章ではベーム・ゼミで議論された利子や利潤の問題、そして第六章では、経済循環や恐慌といった資本主義経済の不安定さがどこから来るのか、といった問題について、「静態」「動態」のアイデアを基にした考察が行われている。本書では「静態と動態」の問題（『経済発展の理論』第一章〜第二章）と「利子と利潤」の問題（第三章〜第五章）、そして「景気循環の問題」（第六章）という形にまとめて説明しよう。

静態とは何か

静態と動態という二項関係は、シュンペーターの社会経済学分析の核となる重要な概念である。簡単にいうと、静態とは同じ状態が永遠に続く、安定した静かな時代のことをいい、動態とは安定が攪乱されて新しい産業構造が出現する、動乱の時代のことを指す。

シュンペーターのいう「静態」とは、いわばワルラス的な均衡状態が時間を通じて維持され、それを「循環」として理解する試みである。「静態」の中では、経済を担う人々の行動は習慣化、ルーティン化されており、このルーティンは時間を通じて変化しない。「静態」の図式には重要な先人がいる。

シュンペーターによると、この考え方はフランソワ・ケネーの『経済表』や、マルクスの「単純再生産」の図式にヒントを得たものである。ケネーは一八世紀の経済学者であり、かつ解剖学者でもあった多才の学者であった。彼は農業生産が経済の基礎であることを示すため、人体の血液循環のように、経済の循環を示して見せた。そこでは地主階級や農業生産者階級、そして不生産者階級（商工業者）等といった経済主体がおり、彼等が生産物や貨幣を経済の循環の中でどのようにやり取りするかが説明される。「静態」のイメージをより簡単にするため、ある空想上の国における循環を示した「範式」というモデルを見てみよう。

ケネーの想定する仮想の国の「範式」モデルは、「地主」「生産階級」「不妊階級」という三つの経済主体の循環として示される〔図2―1参照〕。「地主」は土地を生産者に貸し与え、地代（土地利用代）をとって生活している。「生産階級」は労働者を雇って農業等を営む経営者であり、「地主」からは土地を借り受け、「不妊階級」からは農具や工具などの工業製品を買って農作物を生産する。「不妊階級」とは商工業者であり、「生産階級」が生産した、土地から得られた天然資源（鉄や材木、その他）を用いて農具などの道具や生活必需品などを作っているとされる。「生産階級」は前期の生産から得られた二〇億ルーブル（図中のA）を投資（年前払い）として使い、五〇億ルーブル分の生産物（食料や原材料）を生産する。また「地主」は前期に「生産階級」から得た地代二〇億ルーブル（図中のB）の貨幣を、「不妊階級」は「生産階級」に農具を売ることで得た一〇億ルーブル（図中のC）の貨幣を所有しているとする。以上の想定をベースに三者間の循環を①から⑨まで辿ってみる。

1. 「生産階級」の生産活動による五〇億ルーブル分の生産物のうち、二〇億分の生産物は、次期の生産のための投資（年前払い）に充てられる。
2. 残りの三〇億の生産物のうち、一〇億は「不妊階級」に売られ貨幣と交換される（①）。「不妊階級」は、そこで得た生産物を基に、日用品や工業製品を作る。

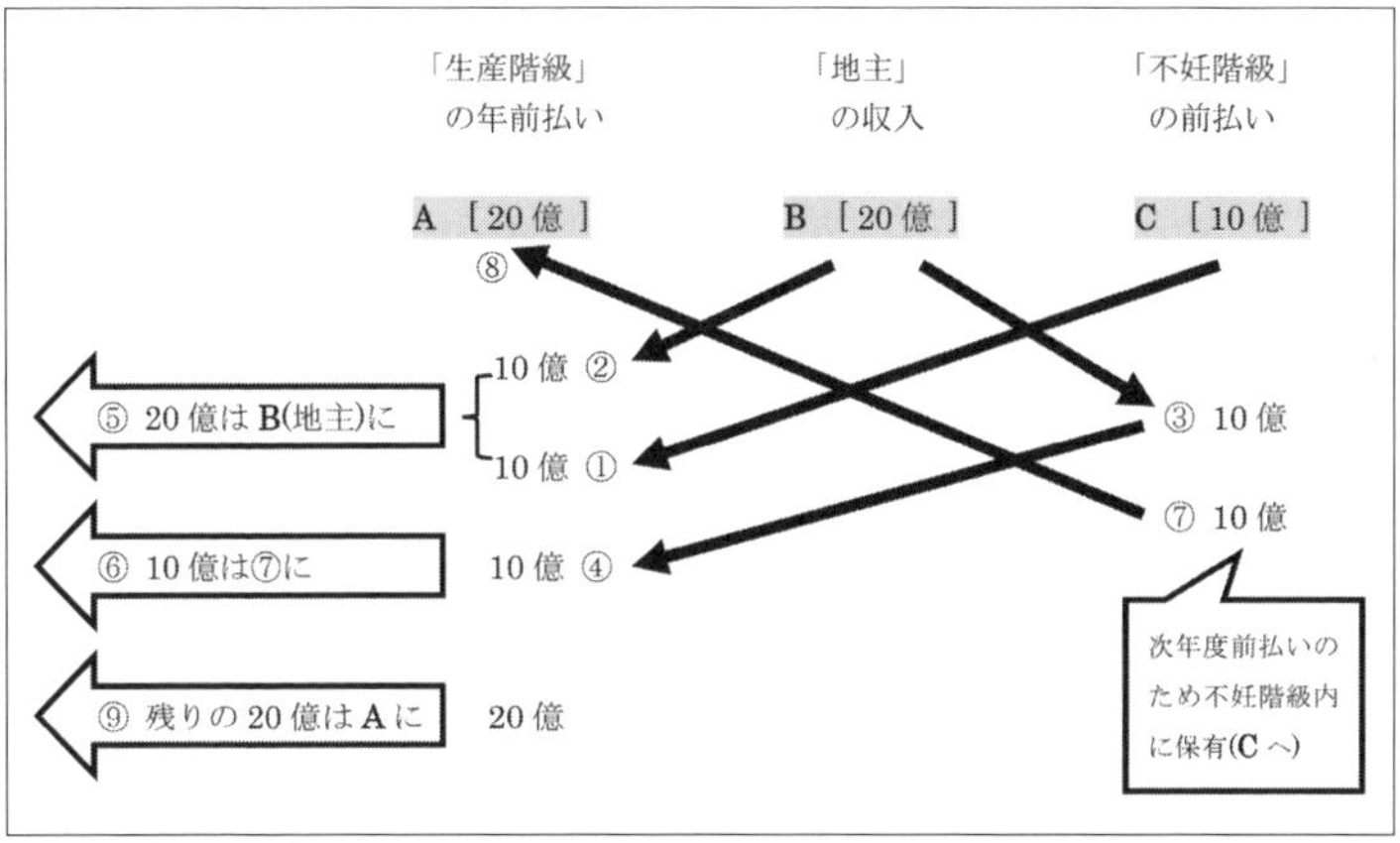

［図2-1］「範式」モデルの循環（御崎加代子、『フランス経済学史』、25ページのものを加筆修正）

3.「地主」は前期に得た地代（「生産階級」から支払われる土地の使用料）二〇億分の貨幣のうち、一〇億を食料、すなわち農業生産品分として「生産階級」から（②）、そして残りの一〇億を日用品分として「不妊階級」から購入する（③）。そして「生産階級」と「不妊階級」はそれぞれ貨幣を一〇億ずつ受け取る。

4.「不妊階級」は受け取った一〇億の貨幣で「生産階級」から生産物を購入（④）、それを基に一〇億分の農具や工業製品を作る。

以上のような取引を行った結果、「生産階級」は三〇億の貨幣を所有している。そのうち二〇億を地代として「地主」に（⑤）、そして一〇億を前期に消耗した農具・工業品の補てんのための費用として「不妊階級」に支払い（⑥、⑦）、農具を受け取って（⑧）、再び生産を始める。そうすると、最初の想定における貨幣（「地主」二〇億、「不妊階級」一〇億）と、生産物（「生産階級」五〇億相当、うち二〇億は次期の生産のための投資として留保（⑨））という図式に戻るのである。こうして一つの循環が完了する。

以上の想定では発展による生産力の増加は生じず、同じ量の財と貨幣の交換による経済循環が永遠に続く。

この静態的経済循環を個々人の経済行動をベースに考えてみよう。シュンペーターはパンを製造する農夫と、その消費者を例として挙げる。パンの消費者は、消費者が買いたいと思っているパンの量を、なぜ農夫が正確に把握しているのかと不思議に思うだろう。農夫は答える。「最も利益になるような生産の大きさを教えるものは、長い間の——一部分は親譲りの——経験である」[*19]。静態内の経済主体は、過去に得た生産手段（農機具）を使い、過去に収穫したもの（収穫された穀物、製造したパン等）で生活する。一部は販売し、残りは自分で消費することで、すべての生産物は使い尽くされる。

静態的循環経済において経済主体は経験により、価格の変動や需要量等の知識をすでに知っており、これらを基にした慣習やルーティンに従って生きている。商品は経験から得られた売り上げの予測に基づいて生産されるので、売れ残りは出ない。市場で生産されたものは過不足なく販売、消費され、生産した労働者への賃金となり、次期への生産のための原資となる。貨幣はすべて交換のためにのみ用いられ、自分で消費する分と、来年「同じ量」を生産するための貨幣しか得られないので、ここに「余剰」は存在しない。すべての経済主体が経済関係の中で同じルーティンに従って行動することにより、経済的には利益も無いが損も無い、変化のない定常状態が続く。これが静態である。

シュンペーターの問い

変化の無い静態経済の中には「余剰」は存在しないという問題をもう少し考えてみよう。多数の企業が価格競争をすると、安定的な均衡状態を創り出す。例えば生産のための材料は競争によりこぞって需要されて値上がりし、生産された商品は価格競争のために値下がりする。収益はすべて生産要素（労働や土地から得られる資源等）に分配され、利子を支払う元手となる利潤は生じない。静態経済では利子や利潤のない、同じ状態が果てしなく続く。[*20] その中での企業経営は、単なる経営管理、すなわちマネージメントでしかない。規則的に予測可能な収益が得られ、経営者はそれを計算して各生産要素に過不足なく、適切に分配することになる。

しかし現実の世界では、元手の無い状態から始めて利益を上げ、成功した企業は数多く存在している。そしてアップルやアマゾンのように大きな売上利益（利潤）を上げている企業は数多い。アップルを創業したジョブズとウォズニアックの二人は、技術と情熱以外の何も無い状況から始め、産業の勢力図を一変させた。彼らが企業した資金は、また彼らが作ったコンピューターの利潤はどこから来たのか。ルーティンさえ守っていれば長期的に安定的な経済循環が生じるにもかかわらず、なぜ彼らのような企業家は生まれるのか。現実の経済にはなぜ好況や不況の波が繰り返し、たびたび大恐慌やＩＴバブル崩壊のようなクラッシュが生じるのか。これがシュンペーターの問いである。

静態から動態へ

なぜ利子や利潤が経済循環の中に存在するのか、なぜ恐慌のような大きな経済変動が生じるのかという問題に対して、シュンペーターが見出したのが経済発展の存在である。しかし本来、経済発展という現象は理論により一般化され得るものではなく、「歴史」の分野の問題であった。シュンペーターが歴史的現象としての「発展」をどのように純粋経済学と折り合いを付けて「理論化」したのか、考えてみよう。

発展を理論化する試みについて、例えば、「なぜ資本主義経済が成立したのか」という資本主義の「発展」の歴史を、経済理論を使いながら「叙述」するような研究は「発展理論」と呼ばれていた。ドイツ歴史学派の新世代、ヴェルナー・ゾンバルトはシュンペーターよりも早く、歴史的方法から理論的方法への接近を試みていた。しかし、彼が行ったような（新大陸で発見された）「貴金属の流入」を資本主義発展の契機とする説明は、歴史を経済理論から読み解く手法であり、これは典型的な「発展理論」である。[*21] ワルラスのような純粋理論家と比べてみると、これは決して経済理論とはいえない。発展理論とは歴史的な過程を読み解く経済社会学や歴史学者の仕事であり、理論経済学の学者は価格や財の量に関する一般法則を探そうとする。

シュンペーターの目的は、ゾンバルトのように経済発展の歴史的原因[*22]を列挙することではなく、経済理論の方を「その本来の目的のために改善し、これに増築を加えていっていっそう有効なものにする」[*23]こと、つまり、経済理論内に発展を引き起こす要素を取り入れるということである。この「経済発展理論」の構築のためには二つの条件が必要となる。

①静態的な循環ではなく、その軌道に攪乱や断続性が認められなくてはならない。静態的な循環は動

きのない状態であり、よってこの静態的軌道を変更するような事態が生じなくてはならない。

②攪乱を導く要因は経済の体系内部に存在するものでなければならない。

経済の歴史を観察すると、安定的に見える時期と大きな変動を見せる時期がある。経済的に安定的な時期は、ワルラスのいう「均衡」の状態にある。シュンペーターは静態における各経済主体の行動を「連続的適応」と呼ぶ。

時間的に無数の小さな歩みを通じておこなわれる連続的適応によって、小規模の小売店から大規模な、たとえば百貨店が形成されるというような連続的変化は静態的考察の対象となる。しかし、もっとも広い意味での生産の領域における急激な、あるいは一つの計画にしたがって生まれた根本的な変化についてはそうはいかない。*24

百貨店を、単に小売りの規模が拡大していっただけと考えるならば、それは連続的な拡大であり、静態のうちに入る。前章でも述べたが、携帯電話がモビリティという目的のために、バッテリーの小型化や効率を上げるような開発を行うことも静態的な適応である。

経済の歴史に大きな変動が見られるとき、この原因には二通り考えられる。まず一つには、環境からの干渉。例えば戦争や干ばつなどがある。次に経済体系内部に生じた原因。例えば産業革命のような大きな変動である。大変動のとき、経済主体が変化する環境に対して連続的に適応することはできない。

大きな変化は経済に対し、量的では無く、質的な違いを生じさせ「均衡の推移」を引き起こす。[*25] 体系内から断続性を生じるこの現象を具体的に説明するために、シュンペーターは郵便馬車と鉄道の例を挙げた。

たとえば駅馬車から汽車への変化のように、純粋に経済的――「体系内部的」――なものでありながら、連続的にはおこなわれず、その枠や慣行の軌道そのものを変更し、「循環」からは理解できないようなほかの種類の変動を経験する…われわれがここで問おうとし、しかも理論一般が問うのと同じようにまったく一般的に問う問題は、いかにしてそのような変動が実現されるか、またそれはいかなる経済現象を発生させるか、ということである。[*26]

経済的環境（与件）[*27]の緩やかな変化に伴って均衡に向かうような状態は、経済理論によってある程度予見可能なものである。しかし、シュンペーターが引用において考えている変化とは、経済体系の中から生じたにもかかわらず、経済生活をがらりと変えてしまうような大きな変化、現代でいえばスマートフォンの出現のような変化である。

経済発展による変化は、消費者が急にスマートフォンを望むようになったから生じたわけではない。アップル社のスティーブ・ジョブズが、従来のモノよりも良いインターフェイスのデザインを行い、これをｉＰｈｏｎｅとして大々的に発表した結果、新たな経済発展が生じた。能動的な経済主体である「企業者」が消費者へと新しい欲望を提示したのである。

企業者は「イノベーション」により、新たな経済循環を創り出す。経済学において生産活動を様々な方法や生産手段の「結合」として捉えるというのは、オーソドックスな考えである。シュンペーターは、企業者が方法や生産手段を組み替え、新たな経済活動を導くと考えていた。そして彼はこうした生産手段の新しい組み合わせを新結合と呼んだ。経済の中で新しい局面を創り出す新結合、すなわちイノベーションには、次の五つのパターンがある。

①新しい財貨：すなわち消費者の間でまだ知られていない財貨、あるいは新しい品質の財貨の生産。
②新しい生産方法：すなわち当該産業部門において事実上未知な生産方法の導入。これは決して科学的に新しい発見に基づく必要はなく、また商品の商業的取扱いに関する新しい方法をも含んでいる。
③新しい販路の開拓：すなわち当該国の当該産業部門が従来参加していなかった市場の開拓。ただしこの市場が既存のものかわからない。
④原料あるいは半製品の新しい供給源の獲得：この場合においても、この供給源が既存のものであるか——単に見逃されていたのか、その獲得が不可能と見なされていたのかを問わず——あるいは初めて作り出されねばならないかは問わない。
⑤新しい組織の実現：すなわち独占的地位（例えばトラスト化による）の形成あるいは独占の打破。*[28]

これらはすべて新しい行動、すなわち「新規性」に関わる。新しいことを行うためには、これまで慣習的に行ってきた様々な行動や、それまで合理的であると考えてきた思考様式を変えなくてはならない。

そしてその行動を行うのは、過去からのルーティンを守り、その中で経済合理的に行動をするような「静態」における経済主体とは異なる、「創意」や「権威」、そして「先見の明」を持つ者でなくてはならない。新しい情報をかぎ分け、それを利用して新たな活動を指導することのできる力、すなわち発展を主導する力である。

普通の経済主体が自分の欲望を充足するために、モノが欲しい、という動機で活動しているのに対し、企業者が新しいことを起こす「動機」とは、①自己の王朝を建設しようとする夢想と意志、②勝利者意欲、③創造の喜び[*29]である。企業者は、過去の慣習に固執する反対勢力に対抗し、他の経済主体とは異なる動機でイノベーションを遂行する。これが「動態的」に、新たな発展の道筋を作ることとなる。

「静態」と「動態」を区別し、企業者という新たな経済主体を設定することで、彼の経済理論の基礎部分は完成する。『経済発展の理論』の第三章以下は、「静態」と「動態」とを実際の経済問題に適用する応用問題である。まずはベームのマルクス批判で取り上げられた「利子と利潤」の問題、そして次に「景気」の問題を見てゆこう。

3 利子と利潤

資本と利子

「企業者」の特徴は性質や才能に現れるものであり、「資本家」や「労働者」のような社会階級を指しているわけではない。大抵の企業者は無一文から始まり、生産に使える「資本」を持っていないとシュンペーターは仮定する。「資本」とは生産活動のための資金、もしくは機械等であり、資本により生産を行うことによって「利潤」を獲得することができる。新しいアイデアしか持たない企業者はどこから資金を調達し、すでに他の用途に使われている労働者や材料、機械等の生産手段を、市場価格よりも高い金額で奪取しなければならない。その貸し手となるのが銀行家であり、資本家である。二〇世紀初頭のオーストリアでは、「投資銀行」と呼ばれる銀行が巨大な資本手段によって、本来の銀行業務だけではなく、設立業務や発券業務を行い、生産に大きな影響を与えていた。[*30] 近年では企業者向けの株式市場が整備されており、アメリカのNASDAQや日本の東証MOTHERSなどがベンチャー向けの資金融通の場となっている。また、企業者向けの個人投資家は「エンジェル」と呼ばれる。彼らは経営のノウハウまでも企業者に指導することが多いという。

資金を借りる場合、当然貸し手に「利子」を返さなくてはならない。企業者は資本家や銀行から「資本」を借り、事業を立ち上げて「利潤」を得ることにより利子を返済する。このとき「資本」にかかる利子を「資本利子」と言うが、利潤や資本利子はどのように生み出されるのか？　これが、シュンペーターがボェームから引き継いだ問題であった。しかし、この問題はそう簡単ではない。なぜなら「資本」にはいくつかの定義があるからである。

アダム・スミスは一七七六年の『国富論』で「資本」という語を「使用者に利潤を生み出すもの」として使った。資本は基本的に「流動資本」と「固定資本」へと分類される。前者は商品の在庫や労働者の賃金など、一度使用（交換）することで消失するものであり、後者は機械や用具、さらには溶鉱炉のような設備など、より長期にわたって生産に利用される財である。スミス以後、資本をどう扱うかについて、大きく二つの見方に分裂した。

まずは①工場や機械、住宅などの動産資本といった物質的なものを資本とする考え方である。古典派経済学は労働や土地を「本源的生産要素」と呼ぶ。これは生産の究極的な源泉が、労働や、自然に由来する資源等であることを示しているが、それと対照して工場や機械等といった、自然には由来しない「生産された生産手段」を「資本」と呼ぶ考え方がある。これを「機械説」と呼ぶ

次に、②事業に必要な元手としての基金を「資本」とする考え方である。会計においては、狭義の資本概念は返済義務の無い「自己資本」を指すが、広義の意味においては、企業の外部から調達した資本である「外部資本」を含む。すなわち、企業のバランスシートにおいて「負債・資本」の側に記載される金額がここでいう広義の資本となる。この中には事業が軌道に乗るまでの労働者への給与支払いや、資材調達のための資本も含まれる。[*31] こちらは「基金説」と呼ぶ。

ワルラスやマーシャルら、新古典派は①の「機械」の意味で資本を捉えた。ワルラスが活躍した一九世紀末のヨーロッパは第二次産業革命期を迎えつつあり工業化が進んでいたからである。生産における設備の機械化が進行し、機械に対する支出やその産出は無視できないほどに大きくなっていた。この新古典派の伝統は現在の経済学における資本の定義とほぼ同一である。現在の経済学のテキストでも資本財や資本設備など、物質的な「資本」が想定されている。

これに対し、事業運営のための「基金」としての資本概念は古典派やオーストリア学派の経済学に見られる。古典派は広い意味で資本を捉えており、物的資本を定義に含む場合もあるが、基本的には会計

から派生した意味での基金を資本と呼ぶ。

資本の意味を定義したところで、今度は資本からどのように収益が得られるのか考えてみよう。機械による生産を行う場合、その成果は生産された物の量で測ることができる。よって利潤は単純に機械がどれだけ多く産出できるかにかかっている。機械のような資本設備投資の貸し付けに対する利子は、機械の生産力や、生産にかかる費用、機械自体の価値等により、計算して予測された「余剰」から出る。ある技術水準の機械にどれだけ原材料と労働を投入したかを考えることで産出と余剰が計算できるのである。貸し手はそれを利子とする。

一方オーストリア学派を含む「基金説」では、より主観的な人間行動から利子を考察する。シュンペーターの師であるベームは時間選好という考え方を導入した。人間は基本的に現在に近い方に価値を置く。同じ価値の目的があったとして、長くかかる方法と短くて良い方法の二つの選択肢があるとするならば、誰でも当然期間の短くて済む方法を合理的に選択するであろう。経済学的にいうと「現在財」は「将来財」よりも好まれることになる。現在の一〇〇円が一年後の一〇五円の価値に相当すると考えた場合、五円が利子となる。これは主観的な判断によるプレミアム（打歩）である。

この時間選好が具体的にどう利子を決めるのかを考えてみよう。例えば蒸気機関車の生産には様々な工程がある。目的である機関車を製造するためには、まずそのための様々な部品を製造するという、遠回り（迂回）をしなければならない（これを「迂回生産」という）。迂回に相当な時間がかかる場合、生産期間に労働者に給与を与えるために、資金をあらかじめ蓄えておかなければならない。なぜなら将来、最終的に機関車が稼働して初めて、収益がもたらされるからである。ベームはこうした労働者への基金を資本と呼ぶ。[*32]

資本が多ければ多いほど、長期にわたる迂回生産が必要な製品が作れる。よって企業者は時間がかかる生産ほど、製品によって多くの収益がもたらされることを期待する。彼は迂回生産による収益の増加を「剰余収益性」と呼び、資本の生産性を表していると考えた。[*33] マルクスの考えた「搾取」に基づく剰余ではなく、迂回生産により価値の高い財を生み出したことによる剰余である。

企業者利潤

「機械」説や、ベーム流の「迂回生産」によって、アップルの企業者利潤が説明できるだろうか。「機械」説を考えるとして、iPodやiMacを製造するラインを工場に作り、商品の価格を決定して需要を予測し、どれだけ作ればどれだけ売れて、原価がいくらだから……という計算は確かにできるかもしれない。また、ベーム流の「迂回生産」の考え方では、最終的な商品ができ上がるまでのすべての「迂回生産」にかかる時間を合計し、時間に応じた収益性を関数とすることができるのであれば利潤を計算できるかもしれない。

しかしどちらも結局は、生産工程の過程の中に利潤、さらに言えば利子の発生源を見つけようとしているに過ぎない。これらの考え方はルーティンに従った合理的な「計画」を立てるときには良い方法かもしれないが、未知の商品、例えば初めてiPhoneを市場に投入した場合の利潤をどう説明するのだろうか。

シュンペーターは利子（利潤）がプレミアム（打歩）であることは認めるが、時間選好は否定し、迂回生産については立場を保留する。ベームの言う迂回生産プロセスが仮に競争相手に模倣されて産業内に広まり、スタンダードになってしまった場合、競争の原理が働いて、結局は利潤がゼロとなる。すなわち、新たな企業がその市場に参入することによって設備や生産要素（賃金や地代）の価格高騰が生じ、さらに商品において価格競争が生じた場合、利潤が無くなってしまう。単純化すると、

商品の収益（低下）－商品や資本財に投入される労働・地代（上昇）＝利潤（ゼロ）

となり、利潤ゼロの均衡状態に戻る。ベームの理論は「時間」を考慮に入れてはいるが、投入物に「時間」が入っただけである場合、ワルラスの理論と同様、工程に資材を投入してどれだけ産出するかということ、計算が可能な世界における静態経済の問題と同じである。

競争が働けば「機械」でも「迂回生産」でも、利潤はいずれ無くなってしまう。では、シュンペーターは企業者が獲得することのできる利潤がどこから生じると考えたのか。シュンペーターが例として挙げている、力織機の発明を考えてみよう。力織機とは一七八五年、英国のカートライトが発明した、水車や蒸気機関で動く織物機のことである。先見の明のある企業者が銀行から貸し付けを受け、いち早く力織機を導入し、生産性を上げて利益を得ることができたとする。彼は何らかの資本や資材を提供したのでも、また力織機を自分で発明して特許料を得ているわけでもなく、彼が唯一行ったのは「現存の生産手段の用途を変更し、これを一層適切に、一層有利に使用した」[*34]、すなわち「新結合」を遂行して企業者利潤を得ただけなのである。

新商品もまた企業者利潤を生じうる源泉となる。シュンペーターによると、「従来充足されてきた現存の欲求をいっそうよく充足する財貨（商品）」は、従来のものよりも高めに価格をつけても売れる。しかし、新商品がいったん市場に受け入れられ、それがスタンダードになると、当該商品を生産するために産業組織の再編が行われ、再び費用法則が復活する。つまり、商品の価格が下がり、生産に必要な資材等の材料費や賃金が高騰するのだ。

これらの例に共通するのは、どちらも従来には無い「新しい」生産方法や商品を市場に投入したということだ。市場においては、企業家は唯一の商品の販売者となり、市場で一時的に独占的な地位を占めることができる。よって企業者の利潤とは、独占者の利潤と同じなのである。

ｉＰｈｏｎｅの例はわかりやすいであろう。従来の携帯電話や携帯型情報端末は使い勝手が悪く、「スマート」ではなかった。しかし携帯電話が充足してきた「移動先での電話」や「インターネット接続」などの欲求をより充足してくれる財としてｉＰｈｏｎｅが登場する。ｉＰｈｏｎｅが市場に現れたとき、アップル社はスマートフォン市場の独占企業となり、莫大な企業者利潤（独占利潤）を手にすることができた。これがアップル社の業績不振を救い、時価総額で世界一位の企業へと成長することを可能にしたのである。

しかし、その生産工程の知識が市場に広まり、新規参入者が現れた場合、競争によって、あらゆる利潤は消滅する運命にある。二〇〇八年以降、韓国のサムソンやアメリカのマイクロソフト、中国のファーウェイなどがスマートフォン市場に続々と参入してきた。二〇一八年の第二、四半期におけるスマートフォンのシェアは、サムソンが二〇・九パーセントでファーウェイが一五・八パーセント、そしてアップルは一二・一パーセントとなっており、新規参入企業が低価格を武器に競争力を増してきている。[35]今後、競合する企業が技術力やコンテンツにおいて競争力を増し、価格競争が激化した場合、アップルが同じ戦略を続けていく限り、その独占利潤は低下し続けるだろう。

イノベーション（新結合）が達成され、新規参入者が現れて市場が飽和し、どの企業も利潤が得られなくなるまでの期間の利潤を「企業者利潤」と呼ぶ。企業者利潤は企業にとって一過性のものであり、利潤が一巡したら、待っているのは計算可能な費用法則と、単なる経営（management）としての企業管理が支配する「静態的」な世界である。

企業者利潤が存在する理由とは、つまり「新しいアイデア」がそこに存在するからであり、機械の生産性向上や、迂回したことによる収益の増加とは全く違った次元にある。スティーブ・ジョブズは、自分が不在であった時のアップルの不振について次のように述べた。「この一〇年、Macはほとんど進化しなかった。だからウィンドウズに追い付かれてしまった。我々はウィンドウズNTを超えるOS（オペレーション・システム）を開発するのだ[36]」。この進化の延長線上にあるのが、iPhoneにも搭載されているiOSである。

企業者利潤は、利子の存在の説明にもなるであろう。利潤は利子を支払うことを可能にするからだ。しかし企業者利潤は個別的であり一過性のものなので、これで利子という現象を説明したことにはならない。なぜなら利子は一過性のものではなく、長期においてプラスであるからだ。個別の企業者利潤とは別に、これをマクロ的に説明する要因が「経済発展」である。

4 景気循環論へ

恐慌論からの出発

シュンペーターは『経済発展の理論』初版の序文で、経済発展に関する問題意識について「初めは一九〇五年に恐慌問題から出発した」[*37]と述べている。この年、彼が出席していたベームのゼミには、マルクス主義者のルドルフ・ヒルファーディングやエミール・レーデラーがいた。ここでの議論が、シュンペーターの経済発展論の出発点となった可能性は高い。

マルクスは資本主義の矛盾の結果として恐慌が生じることを指摘した。資本家は機械を使用して生産を増やす一方で、労働者は労働時間を延長され、さらに商品価格の低下により賃金も低下し、消費が過少になる。この傾向が続けば、物は売れず投資は無駄なものとなり、中小の資本家は廃れ、大企業だけが生き残る。これを「窮乏化論」という。マルクスのロジックを発展的に引き継ぎ、ヒルファーディングは一九一〇年に『金融資本論』の中で一六章以降の数章を恐慌論に費やした。またエミール・レーデラーも一九二五年『景気変動と恐慌』を出版し、恐慌のメカニズムを論じている。彼らは問題意識を共有していたのである。

資本主義経済が恐慌を繰り返し、安定的では無いことは一九世紀から二〇世紀の初頭を通じて経験的事実であったが、これは市場原理や資本主義経済の効率性を主張する新古典派やオーストリア学派の経済学にとって、大きな問題であった。マルクスとその後継者は資本主義に内在する矛盾を問題としていたが、市場の安定性を信じる古典派や新古典派は「セイの法則」を信じていたからである。

ジャン・バティスト・セイは一八世紀末に活躍したフランスの経済学者であり、英国の古典派、リカードやジェームズ・ミルらと親交があった。彼は需要面の価値分析（限界効用理論[*38]）が発達していなかった時代に、労働価値ではなく効用によって価値の説明を試みた、異色の経済学者である。セイは、恐慌が発生し需要が縮小したとしても事業者はそれに気づき、生産を減らすように行動する、と考えた。売れ残った生産物は市場の価格調整メカニズムによる価格低下により必ず需要される。このように市場メカニズムが必ず販路を見出すという、「供給はそれ自らの需要を生む」という原則を示したのである。

同じくフランスのクレマン・ジュグラーは、恐慌現象が次の好況の前段階であり、経済が波状運動を繰り返していることに気づく。古典派経済学の影響を受けたジュグラーもまた、好況と不況を繰り返す循環が正常な状態であると考えたのだが、この循環過程が資本主義の修正力を示すのか、それとも不安定性を示すものなのか、様々な議論が戦わされた。マルクス主義が過剰生産を資本主義に内在する矛盾としたのに対し、オーストリア学派のベームは市場均衡の修正力を信じ、恐慌は「局所的な混乱」が他の領域に波及することであると説く[*39]。恐慌状態は、労働力や商品の価格低下、消費意欲の回復などにより、再び均衡に戻る。恐慌は資本主義の失敗によるカタストロフィーではなく、熱狂的な投資やパニックといった、市場原理では調整しきれなかった不合理な歪みを清算するものであるとされている。

経済発展と景気循環

シュンペーターは、設備などの固定資本への投資が好況に拍車をかけ、不況においては生産設備が過剰になることを認めていた。しかし、彼は過剰生産や、過剰な生産設備に不況の原因を求めない。経済体系内で生じる景気循環の要因として彼が挙げるのは、ある程度周期的に繰り返される経済発展による「価値体系の崩壊」である。企業者は従来の慣行における知識では扱い得ないような新しい価値体系を創り出し、市場内にそれを広める。それ以前の合理的計画は価値体系が変わってしまったことにより失敗し、新たな再組織化が迫られる。これが経済成長に非連続的な変動を引き起こし、最初の好況の原因を創り出す。

重要なのは、企業者が単独で現れるのではなく、群生的に表れるということだ。最初の企業者が新しい市場を開拓した後、追随者には、その企業者が試みた「新しいこと」を解釈する時間がある。彼らはすでに市場に存在する企業との比較を行い、それが有利であるかどうか、模倣すべきかどうかを検討することができる。最初の企業者が初めの一歩を踏み出すことにより、追随するものの出現を容易にするのである。彼らは新しい企業の提示する、新しい「合理的な」方法を受け入れ、それを新たな慣習として市場や社会に広めることができる。この効果は、当該イノベーションが広い応用可能性を持っている場合、生じた部門とは異なる部門まで及び、新産業における価値体系が模倣され、波及効果は国家レベルに至る。イノベーションを行った企業の所得が増加することで、新たな需要の出現という二次的な現象も生じる。

大量の企業者需要の出現は、まったく本質的に新しい購買力の出現を意味するものであって、第二次的好況の波を呼び起こし、この波は国民経済全体にわたって広がり、かくして一般的繁栄の動輪となる。[*40]

生産のための資材や設備への需要や、必需品への需要は、その生産者の所得をさらに増加させ、さらに労働者の所得も増加させ、次第に経済生活のあらゆる「水路」に浸透してゆくのである。こうして、多くの部門において利潤が生じ、所得が増加することで安定的な成長への期待が高まり、ある程度の長期間（発展が継続する期間）において利子が存続することになる。

イノベーションは、それに対する貸し付けや投資を呼び込むことによって、最初の好況の波を形成する。そしてイノベーションの結果としての商品が市場に出回ることで、新産業は利潤を獲得することになる。しかし、これは景気循環の転換点である。イノベーションにより、最終生産物である商品量は増加するが、他方で信用創造という形で増加していた貨幣量は、利潤を得た企業者によって返済されることにより減少する。商品の増加に対して相対的に貨幣量が減少することにより、デフレーションが生じる。これが不況現象の本質である。しかし、不況はいわば「正常な整理過程」であり、企業者により攪乱された経済は、不況過程を通じて旧産業の適応、淘汰を促し、再び市場均衡へと戻ってゆく。恐慌はこうした正常な過程に、心理的なパニックによる誤謬や大衆心理などが加わったときに引き起こされる。シュンペーターは、こうした心理的要因によって引き起こされる恐慌を「異常な整理過程」と呼んだ。[*41]

景気循環はメカニズムなのか

こうして、シュンペーターの示す景気循環は一応の完結をみる。シュンペーターの説明では、もし

「市場メカニズムが十分に働いている」のであれば、好況〜不況へと続く一連の景気循環は必ず生じる、不可避なものである。しかし、仮に景気予測が改善し、実業界が「景気が循環するものである」ということを熟知すれば、景気循環は弱まり、異常な現象は生じないかもしれない。[*42]

しかし、景気循環がもし企業者の群生化によって生じうるとするならば、景気の循環をどのように予測すべきなのだろうか。企業者が群生的に出現するという原理は本当に説明されているのであろうか。同書の初版に対して、このような批判がすでに出ていたことを、シュンペーター自身が述べている。

私の考察は「企業者が周期的に、あたかも群生的に出現するのはどうしてであろうか、彼等が出現しうる条件とは何か、またこれらの条件が彼らにとって有利であるときには必ず彼らは出現するかどうか、またその理由はなにかについて説明をまったく試みていないために、不十分である」とされている……[*43]

一九三九年に書かれた『景気循環論』も、企業者が群生することによる景気循環を説いたものだ。しかし同書についても、米国の経済学者、サイモン・クズネッツから「周期的に企業者が群生する理由」について問われている。

シュンペーターは企業者の群生化の条件を、「私経済的に有利な新しい可能性の存在」に求める。しかし、なぜ企業者は新たな可能性を嗅ぎ付け、新しい市場や産業に参加し、新しい財を消費者に供給できるのか。筆者はその背後に、シュンペーター流の独特な発展観が存在すると考える。これは純粋経済理論から答えられる問題ではなく、「発展」という歴史的現象が、経済に与える影響を説明するものであると考えるべきであろう。

発展理論とは、歴史的な現象である「発展」を、何とか一般化し、理論に近づけようとする試みである。歴史の法則性を探るという試みは啓蒙思想の時代から行われているものであり、シュンペーターは「理論と歴史」の融合という関心から、過去の発展理論をよく学んでいた。次章では「消費者がどのように豊かになったか」という視点から、この「発展理論」について考えてみよう。

＊1 例えば、秋元征紘氏の『なぜ今、シュンペーターなのか』などがある。

＊2 Allen, Robert, Loring［1991］Opening Doors-The life & Work of joseph Schumpeter, vol1, p.102.

＊3 八木紀一郎、『ウィーンの経済思想』、二三二ページ.

＊4 トーマス・マクロウ、『シュンペーター伝――革新による経済発展の預言者の生涯』、四五ページ

＊5 八木紀一郎、「シュンペーターとヴィーン大学」『調査と研究』第五号、六三－八三ページ

＊6 オーストリア学派については、尾近裕幸、橋本努編の『オーストリア学派の経済学』、ヘスース・ウェルタ・デ・ソト著の『オーストリア学派――市場の秩序と起業家の創造精神』、八木紀一郎著の『ウィーンの経済思想』などが参考文献として良い。ソトの著作はオーストリア学派の入門書として、とても読みやすい。

＊7 ここで注意したいのは、限界効用という原理を共有してはいたが、オーストリア学派が新古典派とは根本的に異なる道を歩んでいったことである。詳しくはソト著の『オーストリア学派――市場の秩序と起業家の創造精神』を参照のこと。

＊8 ワルラスに関しては、丸山徹の『ワルラスの肖像』が非常に読みやすい。

＊9 経済学の基本概念の一つ。ある生産要素を特定の用途に利用することにより、それを別の用途に使っていれば得られ

たであろう利益のことを「機会費用」という。

*10 エドワード・メルツによると、「ウィーン学派の三人の巨星ベーム、メンガー、ヴィーザーらは、資本や資本利子、企業者収益、原所得の分配プロセス等といった経済学のある基本概念を新しく基礎付けなければならないと信じており、一方オーストリア・マルクス主義の若き主唱者らは、マルクスの作った経済分析用具を新時代の社会・経済現象、例えば独占資本主義、金融資本、帝国主義、国家間衝突の経済的側面といった現象に応用することを試みていた」(エドワード・メルツ、『シュンペーターのウィーン』、七〇ページ)。

*11 八木紀一郎、『ウィーンの経済思想』、二四九ページ

*12 『オーストリア学派――市場の秩序と起業家の創造精神』、一二五ページ

*13 『ウィーンの経済思想』、二五〇ページ

*14 いくつかの伝記では、彼がこの本を何の参照も見ずに、自作のノートと記憶力だけで書き上げたことを伝えている。この話が真実かどうかは判別しがたいが、彼は幼いころからアンファンテリブル(恐るべき子供)とうわさされ、様々な方面に異色の才能を発揮していた。後のハーバード大学での講義において、彼はその膨大な記憶力に頼りつつ、議論を行っていたというから(メルツ、『シュンペーターのウィーン』参照)彼の記憶力は特に優れていたのかもしれない。

*15 しかし『本質と主要内容』はオーストリア学派においても良い評価は得られなかった。彼の直接の師匠筋にあたるヴィーザーやベームも、あまりに力学的な純粋科学に経済学を近づけようとするその姿勢を批判する。オーストリア学派は基本的には新古典派的な均衡論を支持するが、それは純粋科学という形ではなく、あくまで主観的な価値の問題であった。彼らは自然科学のように経済に主観的価値概念を欠いた議論を好まなかったのである。経済に革命をもたらしたワルラスやマーシャルと、学説の多くを共有しているオーストリア学派の間にも、解釈における違いが存在した。オーストリア学派を研究するソトは、さらに情報の主観性と客観性、企業者を重視したモデル、主観的費用と客観的費用、言語的形式主義と数学的形式主義など、オーストリア学派と新古典派の経済学の違いについて論じている(『オーストリア学派――市場の秩序と起業家の創造精神』、一二一―一三一ページ)。

*16 グスタフ・シュモラー、『国民経済、国民経済学及び方法』、六五ページ

*17 民間部門の社会化を主張するバウアーに対し、生産性の向上を重視して、極端な社会化には反対したシュンペーターとの意見の対立は日に日に悪化していった。そこにシュンペーターが、国営化を目指していた鉱山会社を、ウィーン

の銀行家とともにイタリア資本に売ったというゴシップが持ち上がった。これは社会主義者が目論んでいた産業国有化の進展が遅れたことに対するスケープゴートであったという説もある。

＊18　スペインのネオ・オーストリアンであるヘスース・ウェルタ・デ・ソトは、著作において、ヴィーザーがシュンペーターの「本質と主要内容」に見られる「物理学万能主義」に対し、批判的な書評を書いたことを指摘する。（『オーストリア学派——市場の秩序と起業家の創造精神』、一一九ページ）

＊19　ジョセフ・アロイス・シュンペーター、『経済発展の理論』、上巻、三〇ページ

＊20　実際には、シュンペーターは静態内にも利子の存在は認めていた。静態内の利子と、彼の考える動態的利子に関して、G・ハーバラーは「極端では無いバージョン（less extreme version）」と「極端なバージョン（extreme version）」として区別する。しかし、こうした静態内の利子現象は彼が発展を分析するところの本質は無いので、本書では議論を割愛する。詳しくは、G. Haberler の論文、Schumpeter's Theory of interest を参照せよ。この論文は *Review of Economic Statistics*, vol.33（1951）で発表された後、J. C. Wood 編の *Joseph A. Schumpeter-Critical Assesment* に再収録されている。日本の著作では、伊達邦春の『シュンペーターの経済学』がシュンペーター利子論の学説をまとめている。

＊21　田村信一『ドイツ歴史学派の研究』、二三〇ページ以降を参照のこと。田村によると、ゾンバルトは「法則性の観点」について、「資本主義の自然的発展を「因果」的に考察して、そこから発展の規則性を抽出し、それが人為的にゆがめられない場合、将来の発展傾向はどのような姿を呈することになるか」を確認することであるとしている。

＊22　シュンペーターは個別歴史的要因について、アメリカの金生産の出現がドイツに与えた影響を挙げ、比較的一般性の高い要因として「経済人の精神状態、文明世界の範囲、社会組織、政治情勢、生産技術」の変化を挙げている（経済発展の理論』上巻、一六九ページ）。

＊23　『経済発展の理論』、上巻、一六九ページ

＊24　『経済発展の理論』、上巻、一七三ページ

＊25　『経済発展の理論』、上巻、一七二ページ

＊26　『経済発展の理論』、上巻、一七一－一七二ページ

＊27　例えば社会以外の与件としては自然状態の変化、経済以外の社会的与件としては、戦争の影響、商業政策、社会政策、経済政策の変化、そして、経済領域における変化としては、消費者の嗜好の変化（『経済発展の理論』、上巻、一七二ページ）などが、いわゆる〝与件〟として挙げられている。

＊28　『経済発展の理論』、上巻、一八三ページ

＊29　『経済発展の理論』、上巻、二四六－二四七ページ

*30 『シュンペーターのウィーン―人と学問』、一二三ページ

*31 資本における様々な論争（基金主義・物質主義等）という分け方は、ヒックスが行っていた。これをまとめた小畑に詳しいので、是非参照されたい（小畑二郎、『ヒックスと時間』）。

*32 オーストリア学派でよく使われる例として、魚を素手で捕まえることと、釣り竿を作ってから魚を捕る方法との間における違いで説明する。魚を手で捕まえていた漁師はギリギリのところで生活しているとする。ここに釣り竿という発明がもたらされる。釣り竿を作るのに二日かかるとすると、漁師はこれを作るため、捕った魚を少しずつ蓄え、釣り竿を作っている期間は、その蓄えによって食いつながなくてはならない。この蓄えが、資本と同様の働きをする。

*33 ベームの利子理論に関しては『オーストリア学派――市場の秩序と起業家の創造精神』を参照されたい。また、オーストリア学派に関するものとして、尾近裕幸、橋本努編の『オーストリア学派の経済学』も挙げておきたい。

*34 『経済発展の理論』、下巻、一六ページ

*35 ただし、アップルは商品価格の値下げを行わず、同社の利潤は、未だに世界のスマホ市場における利潤の八割以上を占めているという（John Koetsier「アップルの「一強ぶり」鮮明、世界のスマホ利益の86％を独占」Forbes Japan 二〇一八年四月一九日）。これはアップル製品のこだわり抜いたデザインと、高級路線、アプリをはじめとするコンテンツ産業における市場戦略の結果であろう。（https://forbesjapan.com/articles/detail/20710、二〇一八年一一月確認）

*36 高木利弘、『ジョブズ伝説――アートとコンピューターを融合した男』、二六二ページ

*37 『経済発展の理論』、上巻、三ページ。他方で英語版では、同書のアイデアが一九〇七年に遡ると書いている。

*38 限界効用理論というのは、ワルラスやメンガー、ジェボンズらが、需要面の主観的価値理論として打ち立てた学説。効用という物は、消費が進むほど新たな満足を生み出しにくくなる、という学説であり、当時彼らの新学説は〝限界革命〟といわれた。

*39 ボェーム・バヴェルク『国民経済学――ボェーム・バヴェルク初期講義録』

*40 『経済発展の理論』、下巻、二一四ページ

*41 『経済発展の理論』、下巻、二三二―二四〇ページ

*42 彼は、事実これにより恐慌の発現は弱まったとさえ述べているが、第二版出版の時点ではまだ一九二九年に、米国のウォールストリートから生じた世界同時恐慌は訪れていない。

*43 『経済発展の理論』、下巻、一八八ページ

第3章

スマートフォン時代と経済発展

生活はどのように豊かになったか

経済発展は私たちをどのように豊かにしたのだろうか。
スマートフォンの普及で世界は大きく変化し、
私たちの生活が便利で快適になったのは確かではある。
しかし「発展」、また「進化」や「進歩」という概念は、それほど単純なものではない。
本章では、この「発展観」の社会学的、歴史的な経緯を検証しつつ、
『経済発展の理論』の第2版以降、削除された「幻の第七章」を見直し、
彼の死後も続いていくネオ・シュンペーター学派の動向まで
視野を延ばすことによって「経済発展−生活はどのように豊かになったのか」という
発想の多面性を考えていく。

1　発展とは何か

スマートフォン時代

電車の中で、スマートフォンをいじっている人を見ない日は、ほぼ無いといっていいほど、近年のスマートフォンの普及には目を見張るものがある。スマートフォンは急速に我々の生活に入り込み、我々のライフスタイルを一変しようとしている。ビジネスは迅速化し、ワークスタイルは変容し、コミュニケーションや娯楽の形態も多様化した。しかし、手のひらサイズの端末により電話としての機能はもとより、メール機能やテレビ電話による画像通信、ネット接続などができる時代がこんなに早く来るとは想像できなかった人も多いだろう。

アップル社製のｉＰｈｏｎｅは、操作性に優れた現在のスマートフォンのデザインを決定付けた。それまで、携帯電話にボコボコとついていたボタンは無くなり、液晶画面上のタッチパネルで操作は非常にシンプルで、直感的なものとなった。シンプルでありながら、操作性は良く、アプリも多様であり、ホーム画面を自由な配置にカスタマイズできる。他社も、シンプルで操作性の良いｉＰｈｏｎｅのデザインに追随した。市場を支配した特定の商品のデザインのことを「ドミナント・デザイン」[*1]というが、スマートフォンは、ｉＰｈｏｎｅによってドミナント・デザインが決まったといってよい。このデザインが市場を方向付け、その後の発展軌道を決定したのである。

スマートフォンは様々なビジネスシーンを変えた。例えば出張の際、インターネットにアクセスして、スマートフォン向けのサイトから航空機チケットや宿泊するホテルを予約することができる。iPhoneであれば、インターネットで予約したフライト情報や宿泊情報などは自動的にスマートフォンのカレンダー上に追加される。例えばホテルのホームページのURL（サイトのアドレス）などが宿泊日に自動的に表示され、宿泊先の情報をそこから得ることができる。航空機のスケジュールやホテルなどの情報は、スケジュールと同時に端末にインストールされている地図アプリ、「GoogleMap」にも反映され、目的地まで案内してくれる。*2 こうした機能により出張計画はぐんと楽に立てられるようになった。

また、スマートフォンは働き方をも変えようとしている。近年、フリーランスや主婦の間で「ノマドワーク」というキーワードが使われているという。*3 ノマドとは「遊牧民」の意味であり、ノマドワークとは一か所にとどまらず、移動を行いながら同業者と交流を持ちつつ仕事をするスタイルのことを指す。スマートフォンの情報技術は、時間や場所に制限されずに情報収集や情報発信を行うことを可能にする。オフィスに備え付けられているデスクトップのパソコンをいちいち開いてメールを確認し、そして電話の対応をすることは様々な意味において無駄を生じる。移動可能な端末が電話とメール機能の双方を兼ね備えているのであれば、一日中オフィスに縛り付けられている必要は無い。時と場所を選ばないこうした働き方は、限定的ではあるが一般企業にも受け入れられつつある。また、ウーバー（Uber）という企業がスマートフォンアプリによる配車サービスを開始しているが、ウーバーのサイトに登録しておけば、好きな時間に「運転手」として小遣い稼ぎができる。スキマ時間にスマートフォンを通じて「副業」をする人も今後増えてゆくだろう。

生活においては、Apple Payが世界的に普及しつつある。日本でも、「携帯電話」が普及していたころ、すでに「オサイフケータイ」機能が開発されていた。しかしｉＰｈｏｎｅの普及率を考えるとApple Payが席巻するのも時間の問題かもしれない。[*4] 二〇一六年に発売されたｉＰｈｏｎｅ7には、ＪＲ東日本のＳｕｉｃａも搭載され、スマートフォンさえ持ってさえいれば、財布と乗車券、双方を兼ねることになる。

スマートフォンはアポロ計画に使われたコンピューターよりもはるかに高性能であるという逸話があるが、[*5] それほどの高性能を誇るスマートフォンが急速に一般に普及し、日常に存在する様々な不便を解消しつつある。以前は買えなかったような、高品質な財が一般の生活を営む誰の手にも届くようになり、生活の質を向上するということ、これこそがシュンペーターの考える資本主義経済の成果である。シュンペーターはその成果について次のように評した。

ルイ一四世が望んでも手に入らなかったもので、今の労働者の手に届くようになったものはいくつもある。例えば、現代の歯科技術がそうだ…資本主義の生産の典型的な成果は、安価な生地、安価な綿織物、レイヨン、靴、自動車などであり、大抵の場合、富裕層にはありがたみのない改善だった。エリザベス女王は美しい服を身に纏っていたが、資本主義の最大の功績は、女王の着る美しい服の生産を増やしたことではなく、美しい服を女工の手の届くものにしたこと、しかもそれを手に入れるための努力を一貫して減らしたことにある。[*6]

資本主義の成果は産業構造が再編されるような、大きな「産業上の革命」、すなわち「経済発展」の結果として現れる。定期的に生じる経済発展が、大量の消費財を生み出し、人々を豊かにしてきた。

さて、革命のたびに氾濫する成果物とは大量の消費財であり、初めのうちこそ、混乱、損失、失業を引き起こすが、長期的には、この奔流によって、実質所得のフローが絶えず厚みと広がりを増していく。そして、このなだれ込んだ消費を見ると、やはりどれも大量消費財であり、賃金労働者の購買力がどの層よりもアップしたことがわかる。つまり、資本主義のプロセスでは、偶然ではなく、メカニズム上、大衆の生活水準が段階的に上がる仕組みになっている。[*7]

定期的に生じる経済発展はその都度、景気循環の大きな波動を形成する。『経済発展の理論』において経済発展と景気循環の図式を明らかにしたシュンペーターは、一九三九年の著作『景気循環論』において、理論と歴史、統計を統合するという壮大な試みを行った。そこで彼は、ロシアの経済学者、ニコライ・コンドラチェフが発見した五〇年周期という長期の景気循環に着目し、その長期波動のメカニズムの説明に彼自身の経済発展を充てた。シュンペーターによると、資本主義経済が成立して以来、一九三九年までに三回の長期波動が観測されている。彼は『景気循環論』で以下の長期波動を設定した。

第一次コンドラチェフ波（産業革命の波）：一七八七年〜
　繊維、鉄鋼、蒸気機関などの技術革新
第二次コンドラチェフ波（ブルジョワ・コンドラチェフ）：一八四三年〜

鉄道の技術革新

第三次コンドラチェフ波（新重商主義）：一八九八〜

電気、化学、自動車などの技術革新

『景気循環論』が発表された一九三九年は、まだ第三コンドラチェフ波の中であり、この波動の調整段階であった。塩野谷によると、シュンペーターのこの長期循環の表現は「歴史的に生起した技術革新の種類を区別すると同時に、それぞれの時代環境の経済社会学的特徴を表そうとした」[*8]試みである。シュンペーターは一九五〇年に、第三コンドラチェフの次の波動がどのようなものかを確認せずに逝去してしまった。彼の長期波動のアイデアはその後、戦後のイノベーション研究者ら（その一部はネオ・シュンペーター学派と呼ばれる）によって引き継がれた。英国でイノベーション研究をしていたクリストファー・フリーマンと、英国系ベネズエラ人のカルロッタ・ペレスは第三波動以後の景気循環の波を推定している。

第四次コンドラチェフ波（フォード式大量生産）：一九三〇年代〜

自動車、航空機、耐久消費財

第五次コンドラチェフ波（情報通信コンドラチェフ）：一九八〇年代〜

コンピューター、電話産業、ロボット、データバンク等[*9]

この図式に即していえば、二〇一九年時点の景気循環は、いわゆる第五次コンドラチェフ波の中にある。仮に五〇年周期の仮定が正しく、今回も相当するのであれば、情報通信コンドラチェフ波は二〇三〇年代ごろまで続くのかもしれない。本章の最終節で詳述するが、シュンペーターの跡を継いだ、ネオ・シュンペーター学派の研究者は、この波動について「技術・経済パラダイム」という言葉を使う。パラダイムとは、ある時代のものの見方や問題解決方法を決定する概念的な枠組みのことを指す。技術の例でいえば、その時代で支配的な生産体系や技術システムである。第四次コンドラチェフ波におけるパラダイムは大量生産を可能とするような生産工程や組織の合理化、自動車や航空機産業が洗練し、大企業化した時代であり、そして第五次コンドラチェフ波は、情報通信産業が技術的な方向性を主導する「ICT（Information and Communication Technology）パラダイム」が支配する時代である。現代のスマートフォン社会は、このICTパラダイムに生じた現象の一つである。

第五次コンドラチェフ波、すなわちICTパラダイムはどのように生活を変えたのか。これは、総務省が発表する「消費者物価指数」における品目の改廃（入れ替え）を見るとわかる。消費者物価指数に挙げられている品目は、一般的な消費者が購買する品目を扱っている。つまり、追加された品目は消費者の購入する商品としてオーソドックスになったものであり、廃止された品目とは時代遅れとなり、あまり購入されなくなったものと考えてもよい。第五波が始まった一九八〇年から品目の改廃を見てゆこう［次ページの表3－1参照］。

ここ三〇年余りのうちにデジタル製品に対する支出が増えたことがわかるであろう。特に二〇〇〇年以降は、パソコンや関連機器、携帯電話、タブレット等が品目入りしている。逆に白黒テレビやテープ

1980年	追加品目	牛肉(輸入品)、ロースハム、オレンジ、ポテトチップ、ウィスキー(輸入品)、電子レンジ、ベッド、ティッシュペーパー、ドリンク剤、**小型電卓**、ゴルフクラブ、月謝(水泳)
	廃止品目	精麦、けずり節、テレビ(白黒)、木炭、婦人駒下駄、電報料、フィルム(白黒)
1985年	追加品目	弁当、コーヒー豆、下水料金、ルームエアコン(冷暖房兼用)、スポーツシャツ(半袖)、婦人Tシャツ、漢方薬、マッサージ料金、駐車料金、運送料(宅配便)、ビデオテープレコーダー、ペットフード、月謝(音楽)、ゴルフ練習料金
	廃止品目	徳用上米、甘納豆、れん炭、婦人用雨コート、婦人ウール着尺地、運送料(鉄道)
1990年	追加品目	ブロッコリー、キウイフルーツ、ぶどう酒(輸入品)、ハンバーガー、電気カーペット、ヘルスメーター、モップレンタル料、コンタクトレンズ、小型乗用車(輸入品)、**ワードプロセッサー**、ビデオカメラ、**コンパクトディスク**、ビデオソフトレンタル料、電気かみそり(輸入品)、腕時計(輸入品)、たばこ(輸入品)
	廃止品目	カリフラワー、かりんとう、間代、砂、石炭、マットレス、ほうき、婦人浴衣、万年筆、レコード
1995年	追加品目	外国産米、チーズ(輸入品)、桃缶詰(輸入品)、ウーロン茶、ビール(輸入品)、ピザパイ(配達)、ワイングラス(輸入品)、浄水器、芳香剤、ネクタイ(輸入品)、眼鏡フレーム(輸入品)、普通乗用車(輸入品)、ガソリン(プレミアム)、電話機、私立短期大学授業料、テニスラケット(輸入品)、サッカー観覧料
	廃止品目	魚肉ソーセージ、コンビーフ缶詰、キャラメル、ベニヤ板、ちり紙、婦人白足袋、ギター
2000年	追加品目	アスパラガス、おにぎり、冷凍調理ピラフ、ミネラルウォーター、発泡酒、牛どん、温水洗浄便座、ルームエアコン取付け料、粗大ごみ処理手数料、人間ドック受診料、レンタカー料金、**移動電話通信料**、**パソコン(デスクトップ型)**、**パソコン(ノート型)**、**携帯オーディオ機器**、サッカーボール、園芸用土、外国パック旅行、月謝(英会話)、ヘアカラー、ハンドバッグ(輸入品)、通所介護料、振込手数料
	廃止品目	プレスハム、サイダー、物置ユニット、電気洗濯機(2槽式)、電球、絹着尺地、テープレコーダー、小型電卓、カセットテープ、月謝(珠算)
2003年	追加品目	**パソコン用プリンタ**、**インターネット接続料**、**デジタルカメラの価格変動を「カメラ」に合成**
2005年	追加品目	チューハイ、すし(回転ずし)、システムキッチン、キッチンペーパー、サプリメント、**カーナビゲーション**、**移動電話機**、専門学校授業料、**テレビ(薄型)**、**DVDレコーダー**、**録画用DVD**、**DVDソフト**、**プリンタ用インク**、**放送受信料(ケーブル)**、フィットネスクラブ使用料、温泉・銭湯入浴料、エステティック料金、傷害保険料
	廃止品目	指定標準米、ミシン、電気ごたつ、婦人服地、ビデオテープレコーダー、鉛筆、ビデオテープ、月謝(洋裁)
2008年	追加品目	ビール風アルコール飲料、電気洗濯機(洗濯乾燥機)、**家庭用ゲーム機(携帯型)**、**IP電話通信料の価格変動を「固定電話通信料」に合成**
	廃止品目	テレビ(ブラウン管)、オーディオ記録媒体
2010年	追加品目	ドレッシング、焼き魚、フライドチキン、マット、紙おむつ(大人用)、予防接種料、高速バス代、**ETC車載器**、洗車代、**電子辞書**、ペット美容院代、園芸用肥料、**メモリーカード**、演劇観覧料、洗顔料
	廃止品目	丸干しいわし、やかん、草履、テレビ修理代、アルバム、フィルム
2013年	追加品目	**スマートフォンの価格変動を「携帯電話機」及び「携帯電話通信料」に合成**
2014年	追加品目	**タブレット端末の価格変動を「パソコン(ノート型)」に合成**
2015年	追加品目	しらぬひ、つゆ、ロールケーキ、調理ピザパイ、豆乳、やきとり(外食)、カーポート、外壁塗装料、空気清浄機、浄化清掃除代、マスク、補聴器、ロードサービス料、競技用靴、ペットトイレ用品、警備料
	廃止品目	あずき、お子様ランチ、板ガラス取替費、電気アイロン、浄水器、し尿処理手数料、ETC車載器

[表3-1]「消費者物価指数」改定における品目の改廃(太字はデジタル製品)*10

レコーダーなどのアナログ製品が廃止品目として次々と姿を消している。こうした最終消費財の新陳代謝が第五コンドラチェフ波による経済発展の成果であり、どのような財が我々の手に届くようになったか、結果として我々の暮らしがどのように豊かになったかを示している。

一国の社会経済はどのように発展するのだろうか。この問いが科学的な問題として認識され出したのは、一八世紀の啓蒙主義の時代のころである。しかし啓蒙主義者たちは誤った問題設定を行っており、それが一九世紀を通じて、発展問題を考える際の一つの障壁となっていた。『経済発展の理論』は、こうした古い発展観を乗り越えようとする試みであった。

発展法則

シュンペーターは『経済発展の理論』を書き上げた一九一一年の秋、チェルノヴィッツ大学を離任し、グラーツ大学へと新たに赴任することとなった。[*11] 彼はチェルノヴィッツの社会科学学術協会において、「社会科学の過去と未来（Vergahgenheit und Zukunft der Sozialwissenschaften）」という題目で四〇分程度の講演を行っている。この講演は、主催者に請われて新たに論文として書き下ろされ、一九一五年に社会科学学術協会から出版された。講演の内容の中心は社会科学の歴史と今後の展望に関するものであるが、発展論に関する話題も沢山盛り込まれている。彼の講演論文から、社会経済の発展法則がどのように理論化されていったかを見てみよう。

シュンペーターによると発展理論を含む社会科学は一八世紀に初めて成立した。一八世紀という時代は一七世紀を通じて生じたカトリックとプロテスタントの間の宗教戦争がほぼ終結し、信仰が人々の関心から薄れつつあった時代である。結果、人々の価値観は大きく変わった。

もともと社会科学は一八世紀になってはじめて成立したものであります…かつては自明のこととされていた多くの事物が今やその解明を要求するに至ったのです。かつては具体的な法問題のみが論じられていたのに対して、今や法の本質（Wesen）とは何かが問われるようになりました。かつては国家権力の具体的なあり方をめぐって論争が行われていたのにたいして、今や国家の本質とは何かという事が問題にされるに至ったのです。既成社会のありとあらゆるものが動揺し、権威を失っていくかのような様相を呈しておりました。こういう状況の下ではいきおい、未来にたいして何を懸念し何を期待すべきであるのか、国家や社会において何が不変であり何が没落をまぬがれえないのか、何が無意味で馬鹿げており、何が鉄の必然性であるのか、何が永遠の真理であるのか、というような問題がおのずから生じてこざるを得ませんでした。[*12]

一七世紀末から一八世紀初頭はアイザック・ニュートンが「自然哲学」の分野で華々しい成果を上げた時代である。ここでいう「哲学」とは「科学（Wissenschaft）」と同義であり、「自然哲学」とは、物理や化学のような、いわゆる自然科学のことを指す。他方で政治や経済を含む社会科学は「道徳哲学」と呼ばれた。自然界における物理法則を決定的に予測することのできるニュートンの業績に触発され、科学としての哲学もまた神学的・形而上学的な説明から脱し、「物理現象の諸問題を取り扱うのと同じ気がまえで取り扱われねば[*13]」ならないとされた。神学的、迷信的な物事の説明は徐々に後退し、「人間の本性」や「社会の本性」を経験的に、事実に立脚して議論するという仕事に取って代わることとなる。

つまり一八世紀は、物理学と同じような方法で社会科学が成立するべき基盤を探した時代であった。物理学では、法則を検証するための実験を行う場合、実験環境を同一に整えることができる。物体に普遍的に働く重力の法則を調べたいのであれば、空気抵抗をできるだけ調整した環境で実験を行うだろうし、ばねの法則を調べたいのであれば、温度を一定に保った環境下で行うであろう。同様に、人間本来の性質を考える際、社会科学においても、社会文化的素養の影響を受けていない、「自然的理想状態」の下にいる人間を想定しなければならない。自然状態とは、人間が後天的に常識や社会性を身に付ける以前の状態を指す。人間の本性さえわかれば、後はその本性に基づいて合理的な推論をすることで、社会の動向や性質を推測できる。例えば法学では自然状態にある人間が想定され、あらゆる社会において妥当するような「自然法」が探求された。「自然法」以外にも、この知的活動は神学における「理神論」、倫理学における「道徳哲学」、心理学における「動機論」、「エゴイズム分析」、さらには「国民経済学」などに広がってゆく。

こうした科学志向の中で、「発展論」を方向付ける「歴史学」が誕生した。一八世紀、歴史学者はそれまでの単なる事実収集から、科学的思考へと方針を転換する。歴史の科学化は、文化史や人類史[*14]といった、大きな視点からの歴史の把握や、歴史の経験的な一般化[*15]へと進んだ。つまりどこでも、どの文明でも適用できる歴史法則が模索されたのである。シュンペーターは講演において、このように歴史に関する普遍的法則を探求する試みに賛辞を惜しまない。

決定的に重要なことは、彼らが巨大な目標をはっきりと見さだめ、勇敢にそれにいどみかかっているということです。この目標こそ、世界に厳然と聳え立つ道標であり、不滅の意義を有するものなのであります[*16]

2 進化主義を超えて

進化主義思想

シュンペーターは今日「進化経済学」という経済学の一領域のシンボルであると見なされている。彼は学派を作ることを嫌い、自身の理論の後継者を育てなかったが、彼の著作に影響を受けた研究者らは一九八六年、国際シュンペーター学会を結成した。この学会では経済発展の問題、景気循環論のような長期的な視座に基づく研究、また経済社会学のような学際的な研究における議論を中心とした、幅広いテーマを扱っている。参加者も経済学から経営学、政府の開発計画担当者やアドバイザーなど多様な文化の入り混じった、活気のある学会である[*17]。

学会の会誌は Journal of Evolutionary Economics（進化経済学ジャーナル）という。参加する研究者たちも進化経済学者を自認しているものが少なく無い。実際、当学会では経済発展とダーウィン的な生物進化のアナロジーが真剣に議論されている。このように、今日「進化」という標語はシュンペーターと結び付けられて考えられていることが多く、進化経済学者の中にはネオ・シュンペーターを自称するものも多い。

歴史と理論を融合させ、動態的な経済進化の過程を解き明かそうというシュンペーターの研究は「進化経済学」のシンボルにふさわしいといえるが、彼自身は初期の著作において、進化という言葉の使用を明らかに避けていた。シュンペーター研究者の間でも、シュンペーターの発展理論と「進化」という枠組みとは何ら関係性は無いと主張するものも多い。*18 しかし、シュンペーターが「進化」とのアナロジーを否定する場合、それは「進化主義（Evolutionism）」という価値観を伴った思想が関係している場合である。彼は「進化主義的思想」が科学的プロジェクトとは合致しないと考え、独自の経済進化理論を模索していた。

進化主義という思想は、文字通り「進化」という概念によって生物のみならず社会・文化発展をも説明しようという試みであり、ダーウィンが「種の起源」を発表するよりも以前の啓蒙思想の時代から存在していた思想である。啓蒙思想に端を発するこの「進化主義」は、文化や社会が低次の状態から出発し、高次のものへと漸進的に進化することをいう。「進化主義」的な思想は、人類学や法学、社会学、歴史学、そして経済学と、非常に広範な議論を含んでおり、それぞれの領域での展開をすべて追うことは難しい。しかし、その基本的な問題意識は、どの地域にもどの社会にも適用可能な普遍的歴史法則の設定にあった。この考え方の問題点をシュンペーター自身の言葉で見てみよう。彼は「進化主義」について次のように説明している。

一八世紀においては、進化は何の留保も付されずに素朴にも進歩――理性の支配に向かっての進歩――と同一視された。換言すれば、それはその定義においてすでに一つの価値判断を宿していたのである。そしてこの進化と価値という観念の素朴な結びつきは一九世紀を通じてずっと続いていたのである…事業もまた階級的地位も繁栄していたブルジョワは、あるタイプの「進歩」にはいくばくかの信頼を置いていたし、また彼らおよび文筆によるブルジョワ精神の説明者たちは、若干の望ましい変化に対するこの信頼と、文明ないしは宇宙さえをも動かしている若干の不可避の力とを結びつけようとする悲しむべき傾向を示すようになった[*19]（強調箇所：著者）。

シュンペーターが強調するのは、この語が価値観と結び付いていることだ。本来進化という言葉はそれ自体として、「いかなる価値評価からもまったく免れている」べきものであるが、一九世紀の思想家や研究者をも含む多くは、文化社会の進化を「良い方向への変化」、すなわち進歩と同一視していた。現在でもキャッチフレーズとしての「進化」は、何か良いものへの変化という意味合いで使われることが多い。例えば、オフィスの進化（オフィス作業の効率化）、ロボットの進化（高機能化）、ウェブデザインの進化（洗練化）などである。これらはすべて、「良い方向に向かっている」という価値観を表している。ここで何が「良い方向か」ということは各人の価値観により異なり、この思想は商業的・政治的宣伝などに「科学的」なニュアンスを含ませるために都合良く利用されやすい。さらに、この進歩への傾向は「不可避の力」と結び付けられて、普遍性を持つと考えられるようになった。進化主義思想により、すべての社会は完成に向かって一直線に進歩しているのだ、という誤った決定論が横行したのである。

シュンペーターが「進化主義思想」として挙げる中で、際立った例を見てみよう。例えばフランスの啓蒙思想家、コンドルセは一七九三年、『人間精神進歩史』において社会の発展法則を次のように議論する。人間の能力の発達を世代から世代へと辿ってゆけば、そこに人間の精神に関する進歩が見られ、「個体における能力の発達」と同じような普遍的法則を発見することができる。幼児が二本足で立ち上がり、言葉を発し、会話する能力を獲得する、というプロセスはどの子供でも一緒であり、同様のことが社会の発展にも見られる。例えば農耕の発達やアルファベット（文字）の発明、学問の進歩、印刷術の発達などである。これらの進歩は「相結合して社会を構成している大部分の人々のうちに、同時に考察される能力の発達の結果」、つまり個人的能力の進化の結果なのである。コンドルセはこれに基づいて、一〇段階からなる人類の発展段階を設定した。あらゆる文化は子供の成長のように同様の段階を経て、最終的には我々が理想とするところへ向かう。すなわち「完成への進歩」である。[*20]

こうした思考は歴史哲学や人類学を超え、法学や経済学にも影響を与えている。例えばドイツ歴史学派の祖といわれるフリードリッヒ・リストは、国民経済が狩猟段階・農業段階・農工業段階・農工商業段階の順に発展するとし、ブルーノ・ヒルデブラントは経済が、交換経済、貨幣経済、信用経済の順を辿ると考えた。また、マルクスやエンゲルスら、社会主義者もまた歴史的発展が前もって論理的に設定された経路を辿り、最終的には理想的な社会主義段階に達すると考えていた。制度派経済学者、ジェフリー・ホジソンは以下のようにマルクスの理論を評している。

ヘーゲルと同様に、マルクスとエンゲルスも歴史を一連の発展諸段階と見なしている。彼らにとって歴史の進歩とは、「原始共産主義」から封建制と資本主義を経て、「より高度な」形態の共産主義に至る、社会構造の法則的な進行を意味している。…明らかなのは、マルクスとエンゲルスにとっては、こうした諸段階を順位づけることが可能であり、最後の発展段階は歴史を貫いて作用している社会経済的な力の「必然的な」結果であるとされていたことである。社会は共産主義という形態で完成しうると見なされていたのである。[*21]

シュンペーターは資本主義に内在する問題のために、必然的に社会主義に移行するといった進化主義的議論や、階級間対立の強調、そこに介在するイデオロギー性等を批判した。また、物質的・経済的な生活を決定する下部構造としての生産様式が、上部構造である社会や政治の在り方を決定するという歴史唯物論も批判する。経済領域だけが「発展」を説明するわけではないのだ。

人間精神の進歩を社会の進歩と同じと考えるコンドルセ流の進化主義をシュンペーターは批判した。当時、人間の進歩を当然視する考え方が浸透していたが、実際「仮に我々が、近代の実証主義とか現代の飛行機とかを人間精神の進歩に帰せしめるとしても、我々がそのことを説明するうえで多くを果たしていないのは明らか」なのである。例えば固定電話から自動車用のカーフォンが生まれ、さらに携帯電話、スマートフォンが出現する一連の経路が「人間の知性の進歩による、必然的な結果」であるといっても、何の説明にもなっていない。我々の生きるこの世界は、環境の変化や特定の人物の試行錯誤、異なる組織間の相互作用、そして数々の歴史的偶然の中から実現した、一つの結果なのである。[*22]

発展論への逆風

目的や価値観を含む進化主義は徐々に、経験的な研究を重ねてきた歴史学や人類学から徐々に批判を受けるようになっていった。シュンペーターはチェルノヴィッチ大学の離任講演の中で、歴史科学が直感や思惟によって分析が成される「歴史哲学」となり、経験主義的な研究に紛れてしまい、歴史理論自体が信用を失う結果となったことを嘆いた。

（この状況は：筆者加筆）しかも今日に至るまで自体は少しも変っておりません。時には一八世紀よりも悪くなったとさえいえます。目的論（Fuinalismus）の怨霊が社会科学の作業をこのような狭い道に追い詰めていったことは言うまでもありません。この目的論なるものこそ、「歴史の発展につれて人間はたえず完成に向かって進むのだ」とか、「ひとつの統一体としての人類はひとつの理想状態の実現のために努力するのだ」というようなたぐいのいっさいの駄弁の元凶であり、「文明」（Civilisation）ということばの誤用すべての元凶なのであります。ですから歴史理論なるものは、ありとあらゆる物好き（ディレッタント）や世直し論者（Weletverbesserer）にとっての大立ち回りの舞台となるわけで、それは今でもまさにそのとおりであります。こう言う方面での最悪の、しかも最も光輝ある罪人はコンドルセ（Condorcet）でした…[*23]

進歩や理想状態に対する信念は煽動家の宣伝文句に利用されやすい。また、精密な経験科学の産物とはいえず、科学的な研究ともいえない。しかしシュンペーターには「発展」の問題を科学的に分析しようという、非常に強い志向がある。『経済発展の理論』はそうした動機のうえに書かれたものであった。チェルノヴィッツにおけるスピーチは彼の独特なパーソナリティがにじみ出る、次のような一文で締めくくられている。

文化が話題になるとき、必ずや発展の観念がそれについて回ります。事実、発展とか進歩とか、その他類似の表題を持った文献はいくつでもあげられます。しかし、これほどいやらしい読み物はまたとありません。社会科学の分野においては、たとえそのどこにおいてであろうと、このようなたぐいの空言を弄するお祭り騒ぎは行はれてはならないはずであります…。

しかし、さればといって—そもそも人間は誤謬をおかさざるをえない存在でありますから—私は、このような建設的な雰囲気の風潮に身を投げるのはおやめなさいとは何びとにたいしても言いはしません。誤謬はきわめて栄誉あること足りうるのです。無能なる正確さをこえたところにはじめて誤謬は生じうるのです…[*24]

彼は発展や進歩といった言葉を散々こき下ろしながらも、発展論を説くような誤謬は栄誉であり「無能なる正確さ」以上の価値があると持ち上げてみせた。このスピーチが行われたのが『経済発展の理論』を脱稿した直後であることを考えると、ニヤリとさせられる締めくくり方ではあるが、これは単に彼の天邪鬼なパーソナリティを表しているだけではない。そもそも人類の知性は完成に向かっているわけではない。「逸脱」を行うことによって、無能なる正確さをこえるという考え方は、何か深い含意を持っているように思える。そしてこれは、彼が企業者に充てた役割と同じ性質のものである。彼は経済学の慣行を打ち破るような独自の発展理論を構築するという形で、自身を企業者と重ねていたのではないか。

3 シュンペーターの発展観

『経済発展の理論』幻の第七章

『経済発展の理論』の初版には、『国民経済の全体像（Das Gesamtbild der Volkswirtschaft）』と題される幻の第七章が存在している。この章は一九二六年の第二版以降からは削除されてしまったので、二版を翻訳した日本語版、または英語版には、この章は存在しない。しかし、この章こそが、経済の領域を含む様々な領域がどのように歴史的に発展・展開してゆくかを説明し、歴史的な発展理論を純粋経済学に近づけるための根拠を用意する、重要な章となっている。

この章を二版以降で削除した理由が、その序で説明されているのだが、それによると、第七章の「文化社会学的」な要素が彼の本来の意図する経済理論への注意を逸らせてしまったからだという。[*25] しかし、シュンペーター研究の第一人者であった塩野谷祐一は、この「文化社会学の断片」である第七章こそが、経済発展を体系化した後に彼の研究課題となった「経済を含む社会全体の発展を描くこと」への「プログラムの宣言」[*26] であったという評価を下している。シュンペーターは同書の執筆以降、「経済社会学」

という新たな研究へと向かった。「経済社会学」とは、経済理論のように所与の環境から均衡そのものを分析するものではなく、市場均衡が成立するための様々な条件が時間を通じてどのように変化するか、という問題を含む領域である。これは、「時間」を通じた発展の解明を試みるとき、どうしても避けては通れない領域であった。彼は、今後の重要な研究方針を示す章を削除してしまったということになる。

第七章では何が論じられていたのか。

第七章では、まず「発展」と「成長」の違いが明瞭に説明されている。第一章でも論じたが「経済発展」とは、「成長」のように人口増加や資本蓄積などにより理論的に説明されるものとは質が異なり、歴史学もしくは社会学の領域からの接近が必要とされる。

発展理論とは歴史を観察し、歴史的に観察可能な「一般的傾向」を抽出して理論へと昇華することであった。歴史を観察すると必ず、安定的な「静態状態」が途切れ、急激な変化が訪れるところがある。そこに戦争や災害のような外部から「攪乱」ではない、内部要因による発展が見出されている場合、そこには説明されるべき何かがある。そして、経済領域内部における攪乱として抽出されたのが「企業者による新結合」となる。

経済成長の要因となる人口や資本蓄積の増加は、「発展」の原因ではない。彼は、経済成長の図式を定式化した英国のアルフレット・マーシャルに対し、「適切にバランスのとれた比例的関係の中での恒常的発展」を述べているだけだとして批判した。また、「発明」による新しい知識や技術の増大が発展を引き起こすという考え方にも反対した。知識や技術は、ただ転がっているだけでは発展は生じない。さらに人々のニーズの変化や進歩が発展を引き起こすのでもない。発展に伴い人々の欲望は複雑化し、目的も多様化する。携帯電話の発展の道筋を見てゆくと、携帯電話は最初、通話という機能しかなかったが、メール機能が付け加えられ、インターネットへとつながり、カメラ機能を搭載し、さらにスマートフォンへと至る。最近ではSNSで人とつながりたい、インスタグラムで自分の行ったおしゃれな店や食事を人に見せたいなどの欲望もあるだろう。一見、消費者の「~したい」というニーズがイノベーションを引き起こしたかのようにも見える。しかし「インスタに写真を挙げ、フォロワーを増やしたい」といった欲求が始めから存在したわけではない。

経済発展は電話やカメラ、液晶画面、タッチパネル、ネットによるメールでのやり取り等、スマートフォンが登場するための様々な技術的可能性を企業者が実現し、提示して見せたことで可能となった。新たな産業の出現は、企業者がアイデアを生み出し、技術を活用して生産を組織化し、潜在的需要に応えたことが契機となっているとシュンペーターは考える。発展の契機とはすなわち、指導者の「意思」とそれに追随する者の間の関係なのである。

企業者の動機として重用なのは、成功に応じて社会のヒエラルキー(階層)内における地位が上昇することである。

企業者の成功は讃嘆と魅惑をもたらす。その成功は、機構的必然よりして所与である地位をはるかに超えるところまで、企業者の社会的上昇を許す…経済的成功は、まさに成功一般として、他の領域における影響力をも企業者に保証する。政治的問題においても、企業者の発言が聞こえてくる。それは傾聴されざるをえないし、企業者の人格がもつ重味にたいしては、譲歩がなされざるをえない…こうして企業者は政治的・経済的勢力となる。芸術および文芸——総じて全社会生活——は、中世においてはそれが騎士階級に対して感応したのと同様に、企業者に対する感応を示すに至る。企業者を賛美するにせよ攻撃するにせよ、いずれにしても芸術や文芸の活動は、企業者という類型、および企業者によって創り出された諸関係と取り組むに至る。社会生活は、企業者の欲求、およびそれが指し示す方向に照準を合わせる。企業者の生活環境を律する標識は、一種の普遍的妥当性を獲得する…企業者機能に備わる諸条件の形成する生活態度と趣味傾向とが、ある程度までひとつの理想と化す。指導的な人々が評価するものは、常に大衆の評価するところとなる。[*27]

シュンペーターは企業者が、その経済力により政治的・社会的に大きな影響力を持ち、人々の生活における「理想形」を形成することを示した。文化領域に対して、彼らは「特定のカテゴリー、特定の種類の享楽財に対する需要を開発し…、こうして、彼らは自国民の文化生活に対して直接的に介入[*28]」してゆくのである。このような企業者像の好例がスティーブ・ジョブズであろう。彼はアップルⅡやマッキントッシュ、ｉＰｈｏｎｅをはじめとする魅力的な財を世に送ることにより新時代の生活スタイルを確立し、ＩＣＴパラダイムにおける一種のアイコン（偶像）となった。

指導者と追随者の二項関係は経済領域以外における諸発展にも応用される。例えば政治、芸術、科学、社会生活、道徳観等の領域においても、その集団内に存在する、企業者に類する指導的な役割を持つ人々がおり、それぞれに追随するものがいる。そして、各領域は比較的独立的に発展してゆく。

コンドルセが設定したような「文化段階」は政治や社会、芸術など、独立した諸領域の相互作用の結果生じた「文化水準の静態的統一性」と考えることができる。すべて知性の進歩が原因となっているのではなく、個と全体、そして各領域間の複雑な相互作用によって文化段階は形成される。

芸術分野はシュンペーターが最も多く用いる例である。彼の「発展」観がわかる格好の例が、彼の未発表論文の中にある。もう少し、彼の文化社会学の断片を見てみよう。

未発表の論文「Entwicklung（発展）」

一九九三年、ドイツの経済史研究者がエミール・レーデラーの所有していた六九冊もの書類収集品を調査していた際、その中から偶然にもシュンペーターの論文を発見した。この論文は一九三二年、シュンペーターがベーム・ゼミの同窓であったレーデラーに五〇歳の誕生日を祝して送った、未発表のものであることが判明した。論文には*Entwicklung*（発展）というタイトルが付けられており、彼独自の発展論を論文にしたものである。二〇〇五年にこれを英訳して発表したマーカス・C・ベッカーらは、シュンペーターがハーバードに向かう船に乗る二か月前の一九三二年七月に本論文を執筆したと推測する。

この論文の基本的なヴィジョンは、初版の『経済発展の理論』第七章に比較的近く、その内容をより簡明に、具体的に論じている印象を受ける。その冒頭では「発展」を研究するに際し、哲学的にではなく科学的観点により把握しなければならないという注意から始まり、そして「進化主義（Evolutionism）」の目的論的、単線的な発展観を批判している。最初からルートが決まっているという想定はそもそも形而上学的であり、経験科学としては支持できない。では、発展のような不確定な現象にはどのような態度で研究するべきであろうか。シュンペーターは、フィレンツェの絵画様式を例証に挙げた。時間と空間により区切られた、同質的な文化システムの中の絵画を見てみよう。例えば十三世紀フィレンツェの絵画などである。我々は、その内的な論理（logic）が明確にまとまっていると認識でき、著しく安定的な〝様式（imprinted form）〟に直面するのである。十五世紀のフィレンツェ絵画も同様の様式を示すだろう。今日にあってさえ、典型的な十五世紀絵画としての「聖母像」を描くことは難しいことではない。[*29]

絵画はそれぞれの時代と地域を反映した様式を持つ。シュンペーターは伝統的な単線的発展段階説の代わりに、ビザンティン様式やロマネスク様式が通時的に、どのように変化・拡散していったかを示す、様式の変遷図のようなものを発展のモデルとして考えていたのではないか。様式の時間的・空間的広がりは、使われている技法の流儀やタッチの伝播に由来するのだ。

引用にある「聖母像」の例で考えてみよう。[*30]美術史家のH・W・ジャンソンによると、十三世紀初頭のイタリアでは「ビザンティンの影響の新しい波が、イタリア絵画に残っていたロマネスク的要素を圧倒して」[*31]いた。このビザンティン様式のフィレンツェにおける巨匠、チマブエの描いた聖母像の図案は、中央の聖母を囲み大勢の天使が配されている［図3−1］。膝に一人の天使を抱き、顔は斜め下を向きつつ、目は正面を見据えている。この図案は当時の「様式」の影響であり、作風に若干の違いはあれども、十四世紀初頭に同様の聖母像を描いたドゥッチオも同じような書き方をしている［図3−2］。しかし、ルネ

［図3-2］ドゥッチオ

［図3-1］チマブエ

［図3-4］フラ・フィリッポ・リッピ

［図3-3］マサッチオ

ッサンス期を経た一五世紀フィレンツェにおいて、マサッチオやフラ・フィリッポ・リッピがこの図案を変えた。マサッチオの聖母像はより写実的で、天使は二人しかいない[図3－3]。フラ・フィリッポ・リッピのものは天使が膝の上に一人いるだけであり[図3－4]、マサッチオよりもさらに写実的である。未熟ではあるものの、遠近法といった技法も使われていた。そして、以前には無い「運動への関心」が生じている。例えば「聖母の頭飾りの布の縁の波立ち流れる曲線、また、彼女の体の右への傾斜を強調しながら左へと流れてゆく、外衣の襞の数々の彎曲線[*32]」等である。これらの技法は、ドナテッロやギベルティといったフィレンツェの巨匠たちの影響であり、さらにフラ・フィリッポ・リッピもまた、「十五世紀後半のフィレンツェ絵画の動向を定める決定的な役割」を果たした。

論文、*Entwicklung* において、シュンペーターは発展をどう扱うかを示している。まずは（一）過去に生じた変化についての価値判断を止め、進歩や退歩といった説明をしない。（二）理論に基づいてのみ変化を解釈せずに、経験的に得られていない発展線（Entwicklungslinie: a line of development）に基づいて解釈することを止める。（三）創造が生じない、もしくは変化しないような構造を仮定しない。

具体的には、ビザンティン様式はその前後の様式と比べて、「進歩」という価値尺度で判断することはできない。そもそも価値尺度が異なる様式同士を単純に比較することはできない。また、歴史的な変化のメカニズムを、先験的に構築された理論のみから導くことは危険であり、経験的研究によって得られた因果に基づいて説明されなければならない。

少し横道にそれるが、シュンペーターがしばしば使う「発展線」とは因果が経験的に確定されうる発展経路のことで、彼の発展理論における「慣行の軌道」に類比される「適応的反応」が生じている状態のことである。この状態の中では、価値評価がすでに確定しており、人々はそれに適応的に反応するだけである。特定の軌道の中で何が起きているかについて、彼は『経済発展の理論』の中で述べているので、それを引用してみよう。

われわれが獲得したあらゆる認識や行為慣習は、鉄道線路が大地に根をおろすのと同じように、われわれの人格の他の要素と固く結びつき、われわれのなかに根を下ろしている。それらはそのたびごとに更新されたり、意識されたりする必要はなく、既存の潜在意識層に沈下している。それらは普通、遺伝、学説、教育、環境の圧力によって…ほとんど摩擦なしに伝達されていく。要するに、われわれがしばしば考えたり、感じたり、おこなったりすることは、個人や集団や事物において自動的なものとなり、われわれの意識的な生活の負担を軽減する。*33

慣行の軌道内においては、その価値評価は慣習の中に埋没し、それが思考の負担を軽減する。ある様式の中にいる絵描きは、新たな技法を一から編み出すために苦労する必要は無く、慣習的に形成されていったものを磨けばよい。これは第1章でも述べた携帯電話の発展線にも適用できる。モビリティを目的とする端末の軽量化の軌道は、「軽量化」という価値評価を当然のものとして進んでゆく。その発展線の中では価値評価は慣習的・日常業務的なルーティンの中に埋もれてゆく。他方で、情報技術の可能性は「情報端末」という全く新しい価値を創出することにより、新たな目的を意識させ、スマートフォンという新たな「デザイン」の登場により、非連続的な発展の可能性への道が開けるのである。単にモ

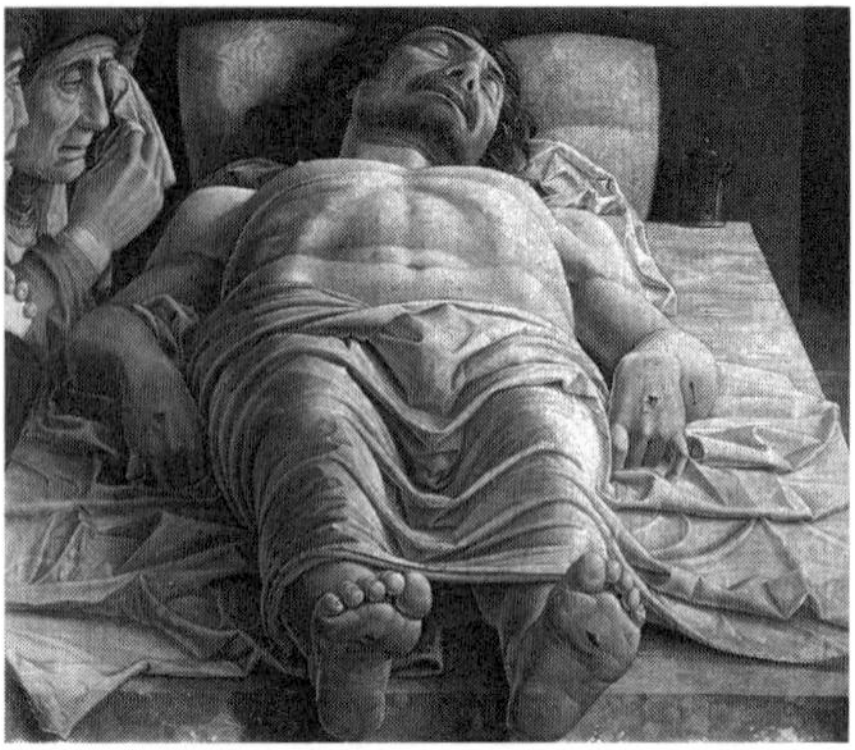

［図3-5］マンテーニャ

ビリティを追求しているだけでは「スマートフォン」への「発展」には至らない。そこには、情報端末やスマートフォン等の「デザイン」における「新規性」の出現が必要なのである。しかし、こうした「新規性」は経済理論では解明し得ない。芸術や科学、経済等の各領域における新規性を解明するには「社会学」的な研究が必要となるのである。

Entwicklung に戻ろう。シュンペーターは「新規性」を説明するとき、十五世紀フィレンツェの画家、マンテーニャの描く「死せるキリスト」を例として挙げた（図3－5）。

アンドレア・マンティーニャは古典古代をテーマとした最初のルネッサンス画家であり、初期に遠近法の手法を使った画家の一人である。彼の描いた「死せるキリスト」は、それまでのキリスト像とは全く異なり、足元から見た視点から遠近法で描かれていた。シュンペーターのいう新規性の意味を考慮に入れると、単なる技法の向上では無い、革新的な構図や技法が「発展（Entwicklung）」を引き起こす原因となる。新たな技法と追随者とが、発展線を形成するのである。

シュンペーターの発展観を *Entwiklung* における絵画の例を使ってまとめると、「発展線」上の絵画の様式では、それぞれの先駆的な絵描きと追随者による競争の結果である、一種の静態的均衡を示し、その時代におけるオーソドックスな描き方を決定する。絵画の審美眼（価値評価）は先駆的絵描きと、それに追随する者の適応とのインタラクションにより徐々に形成され、その評価尺度に従ってそれぞれの絵画は評価される。このように指導者からの新規性の提案と追随者の適応関係から生じた新しい価値評価の形成と維持が「静態」と「動態」という形で理論に包摂され、シュンペーターの発展理論の土台を形成しているのである。

五〇年近い長期において、経済が好況と不況を繰り返しながら循環していることを発見したニコライ・コンドラチェフは、シュンペーターの「動態（すなわち発展）」の定義が「経済的現実におけるある種の質的変化がみられるところ、すなわち企業者の創意と結びついたところにのみ適用*34」されていることに不満を表した。経済が扱うべき量的変化（資本蓄積や人口増加）を動態として扱うことに何の問題があるのかと、疑問を呈しているのだ。しかし、これまでの議論から、シュンペーターが、彼の定義する「動態」を導入することによって、何が言いたかったのかがわかるであろう。価値評価に変化が生じるということこそが社会・経済体系を大きく変動させる要因であり、新しい財の投入による価値評価の変化は、生産において帰属的に関係するすべての財の評価も変更し、非連続的に発展線を変更するのである。

ＩＣＴパラダイムをざっと見てみるだけでも、現代のマンテーニャを探すことは簡単である。*35コンピューターを一般の手に届くようにし、ｉＰｏｄやｉＰｈｏｎｅを世に送り出したスティーブ・ジョブズをはじめとして、直感的で使いやすいＯＳを世に広めたビル・ゲイツ。仮想マーケット、アマゾンを設立したジェフ・ベゾスや世界的ソーシャルネットワークであるフェイスブックを開発したマーク・ザッカーバーグ、世界で最も使われている検索エンジングーグルを開発したラリー・ペイジとセルゲイ・ブリンなど、彼らの手によりＩＣＴ革命が生じたとするのは簡単である。しかし、実際には彼らのイノベーションを可能にした技術や経済的環境も重要となるだろう。特に、イノベーションに関係する技術と市場との相互作用は、後のネオ・シュンペーター学派が研究することとなった。

4 戦後のイノベーション研究とネオ・シュンペーター学派

『経済発展の理論』の復活

シュンペーターは「指導者と追随者との相互作用」による「価値評価の共有プロセス」に歴史的な発展の原因を求めようとした。指導者は新しい物事を人々に伝え、追随者はそれを受け入れて新たな行動の標準とする。前節で説明した革新的な絵描きとその追随者の例はその典型である。さらにこのプロセスは政治や学問、経済など、あらゆる他の領域にも適用される。

この相互作用は資本主義経済において、「イノベーション」と「利子」という現象を生んだ。企業者は資本家や銀行から資金を集めて新しい事業を興し、それが成功すると、以前より質の高い商品や生産性の向上による安価な商品を通じて我々の暮らしを豊かにする。競争的市場において、企業者と新規参入者との競争が全体としての富をさらに押し上げた。こうして安価で質の高い財が一般の人々の手にもたらされることになった。また、イノベーションの群生化は、ＩＣＴパラダイムのような、大きな「経済発展」の波を生じる。発展の方向性が決まることで投資が盛んとなり、少なくともパラダイムが終了する（シュンペーターは五〇年程度としたが）まで利潤が発生し、企業者が利子を支払うことを可能にする。経済が向かうべき方向性が明らかになることにより、これが利潤に対する期待を生じ、長期的な利子を可能にする。

シュンペーターが一九五〇年に亡くなった後、彼の理論はあまり顧みられることはなかった。彼の死後もイノベーション研究は続けられていたが、経済学の本流とはならなかった。第二次大戦後の一九五〇年代～六〇年代はケインズが唱える財政政策と金融政策による景気安定化策が有効に機能しており、[36]ケインズ経済学が新古典派と並んで主流派の一角を占めた。国家は完全雇用と安定的成長を図るために需要管理政策を積極的に用い、雇用と物価を安定した状態に保ってきた。世界経済は安定的に成長を始めたのである。

シュンペーター自身は学派を形成することを好まず、後継者を作らなかった。しかし、彼に影響を受けたイノベーション研究自体は戦後も続けられていた。一九六五年サセックス大学において、経済学者のクリストファー・フリーマンを責任者とする科学政策研究ユニット（Science Policy Research Unit: SPRU）が設立された。この部署には、経済学者だけではなく、社会学者や心理学者、エンジニア等、様々なバックグラウンドを持つ研究者が集まり、経済変動や社会変化に対しイノベーションが果たす役割が研究された。[37] SPRUは博士号を授与できる教育機関も備えており、ここを出た研究者はイノベーション研究者として各国で教育に当たることとなった。彼らの多くがシュンペーターの経済理論に影響を受けていた。

シュンペーターの経済理論が本格的に取り上げられるようになってきたのは、一九七〇年代に生じた経済停滞、「スタグフレーション」以降である。スタグフレーションとは、インフレーションと労働力の供給過剰が同時に生じることを指す。それまで、高インフレ率と高失業率が同時に生じることがなかった。インフレ率と失業率の負の関係は一九六〇年代のアメリカのデータにおいて非常に適合的であった。しかし一九七〇年代に入り、インフレーションと高失業率が同時に生じるようになった。当時の主流派であったケインジアンの理論は、この現象を説明できなかった。

不況時に財政投資を行い、総需要を刺激して雇用を創出しようというのが基本的なケインジアンの方法である。この総需要策が効果を持つのは、インフレと失業に負の関係があるときに限られる。不況はデフレーションの下で生じるというのは理論的にも直感的にも理解できる。需要不足でデフレーションに陥ったとき、企業は先行きの不安から生産縮小を命じるだろう。工場が一時的に停止したり、閉鎖に至るとするならば、そこで働いていた労働者は解雇され、失業が生じる。逆に需要超過でインフレーションが生じている場合、企業は生産を増やしたいと考える。現存の工場をフル稼働するとなれば、雇用も生まれるのである。[*38] 不況下で、デフレーションと失業が生じている場合、政府支出による財政投融資が行われるとすれば、その分、市中の貨幣は増加し、インフレーションと雇用増の双方が同時に達成されることになる。

一九七〇年代以降、それまでうまくいっていたケインジアンの財政政策が役に立たなくなる一方で、主流派を含む従来の経済学でも、スタグフレーションをうまく説明できなかった。主流派であった新古典派は、この現象を「一時的攪乱」として片付け、マルクス主義もまた、これが資本主義に内在する問題であるという従来の議論を繰り返し、抽象的な議論にとどまった。スタグフレーションを境として、戦後の経済成長が見直され、経済学は再編の時期を迎えた。[*39]

この時期に再び脚光を浴びたのがシュンペーターの「長期的」な構造変化モデルである。シュンペーターの理論では、失業は経済が好景気に転換する際にも生じ、それは古い産業の労働者が、新結合へ適応力できなかったためと考えた。

一九七〇年代以降に加速したのは、いわゆる脱工業化である。古い重工業や製造業主体の産業構造が象徴する、いわゆるオールド・エコノミーは効率が悪くなり、ICT分野、すなわちニュー・エコノミーの分野に新たな産業が数多く出現した。この転換の時期に、多くの労働者はICT産業に即座に適応できる技術や知識を持っていなかった。シュンペーターに共感していたSPRUのフリーマンは、これがスタグフレーションにおいて失業率を高止まりさせている理由だと考えた。

主流派である新古典派やケインジアンの理論に不満を持っていた研究者らはシュンペーターの『経済発展の理論』の意義を再発見し、一九八六年、国際シュンペーター学会を組織した。彼らは自分たちの研究領域に「進化経済学」という呼称を使い、自らをネオ・シュンペーター学派と称した。シュンペーターの動態的なアイデア、特に社会文化進化を含む経済進化的理論への彼の関心を引き継いだという宣言である。[*40] 国際シュンペーター学会には、フリーマンをはじめとするSPRUの研究者も参加している。

シュンペーターのリバイバルとして注目されたのは、一九八二年に出版された、コロンビア大学の経済学者リチャード・ネルソンとシドニー・ウィンターの共著による『経済変動の進化理論』である。彼らは単純な進化主義的モデルの超克として新たな進化的モデルを作ったことを自負している。

〝ネオ・シュンペータリアン〟という言葉は〝進化〟という言葉と同じようにわれわれのアプローチ全体を表す言葉として適切である。より正確には、我々はネオ・シュンペータリアンであるために進化理論の理論家である、ということができよう。すなわち、進化理論の考え方が、資本主義が継続的な変化のエンジンであるというシュンペーターの見解をより詳しく説明し、理論化するという問題に実行可能なアプローチを提供するからである。シュンペーターは経済発展の分析において進化的考え方をあいまいなやりかたで引き合いに出すことに対しては厳しい言葉を書き記しているが、我々はシュンペーターが我々の進化理論モデルを自らの考え方を展開する適切な手段として受け入れただろうと考えている。[*41]

一九七〇年代から主流派の新古典派経済学は、現実の経済を扱うための重要な問題にまともに取り組んでいないことを批判されていた。例えば不確実性、限定合理性、大企業の存在、制度的複雑性、現実の調整過程のダイナミクスなどである。[*42] 主流派の経済学者が想定しているのは次のようなシナリオだ。企業や消費者の行動は、様々な選択肢とその確率的な結果をすでに知っている状態で、利潤や満足が最大になるような行動をとる。これらの経済主体には、選択についての必要な情報は、あらかじめすべて与えられており、彼らは合理的に「良い行動」を選択するので誤謬を犯すことが無い。よって新しい情報を収集する必要も無い。主流派である新古典派経済理論の例として、経済学者であり経営学者でもあるハーバート・サイモンは生産水準や在庫管理のモデルを次のように説明する。

効用関数は、生産コストと生産水準を変更するコスト、失われた注文の推定コスト、そして在庫保有コストからなる費用関数（の負数）である。このような仮定は、数学の利用と計算が処理しやすいものとするためには絶対に必要である。将来のそれぞれの期間における売上高の期待値は、わかっているものと仮定される。工場は単一の同質的な製品、あるいは単一次元の集合によって正しく表示されるような一組の生産物をもつ、と仮定される。

もしもこの決定手順が工場の意思決定に用いられるとしても、それは現実の世界における意思決定にSEU理論（期待効用理論）を用いることとは非常に異なるものであることは明らかである。ほとんどすべての難しい問題は、既知の二次の基準関数と将来の売上高の期待値という仮定によってあらかじめ答えが出ている。さらに、このたった一組の生産決定は、経営者がしなければならない全体のおびただしい数の諸決定から切り離されており、その他の決定あるいは現実世界の他の側面についての情報とは完全に独立したやり方で記述されうるものと仮定されていた。[*43]

主流派経済学ではこのように非常に限定された条件の下、利潤（上記の例では効用関数）が最大になる点を求める。しかし、この方法は、環境がどんどん変化するような「発展」の分析には向いていない。シュンペーターを受け継いだネルソンとウィンターは、経済主体の行動が「最大化」ではなく、「ルーティン」や「ヒューリスティック（探索的学習）」といった行動原理に従うと考える。企業が意思決定を行う場合、用意された選択肢の中から明確に決まった目的に向けて、利潤を最大化するような決定を行うのではない。過去のうまくいったやり方、すなわちルーティンを踏襲し、新たな状況に関する情報を収集しながら行動する。ルーティンはすべてが正しいとは限らないので、それを踏襲することで失敗が生じることもある。与えられた条件の下での最大化を行うというよりは、不確実性の高い中、限定的な合理性の下に「満足化」をするのである。

情報収集の方法も、正しい答えを求めてすべての情報を得ようとするのでは無く、答えがありそうな方向を探りながら問題解決を行う。情報とは、時代や環境により重要性や質が異なるものである。よって、正しい情報がいつも同じではなく、不可逆的、不確実なものであり、状況依存的なものであるという意味で、情報収取も探索的なものにならざるを得ない。*44

このようにネオ・シュンペーター学派は、シュンペーターの意思を引き継いで単純な決定論を否定し、不確定性の下で経済が「発展」することを認める、新たな進化モデルを目指している。

技術・経済パラダイム論

発展のプロセスは断続的に、急激に訪れ、結果が事前にわかるような形では生じない。発展は新しい産業が不確定な状況の下で興り、古い産業を淘汰するような形で生じるのである。シュンペーターはこのプロセスを「創造的破壊の嵐」と呼んだ。

大まかに言って一七六〇年―一九四〇年の労働者世帯の家計簿の中身は、単に同一線上で増えてきたのではなく、質的な変化の過程を経てきた。同様に、一般的な農場の生産装置も、輪作・耕作・施肥の合理化から今日の機械化に至り、昇降機や鉄道と結びついたという革命の歴史を歩んできた。木炭高炉から近代的な高炉へと発展を遂げた製鉄産業の生産装置の歴史も、上掛け水車で発電する方式から近代的な発電所に移行した発電設備の歴史も、郵便馬車から航空便へと飛躍を遂げた輸送の歴史も同様だ。国内外の新たな市場の誕生や、組織の発展（工芸品の売店・工房からUSスチールのような企業への発展）も同じ過程を物語っている。生物学の用語を借りるなら、産業上の突然変異で経済構造に絶えず内部から革命が起き、古い構造が絶えず破壊され、新しい構造が絶えず生み出されている。この「創造的破壊」の過程こそ資本主義の本質を示す事実だ。[*45]

新たな技術を活用する産業は、古い非効率的な産業を破壊しつつ新しい時代を作る。ネオ・シュンペーター学派の経済学者は経済発展を説明するため、産業や技術がどのように新しい経済発展の軌道を形成し、古いものに取って代わるか、という問題を説明しなければならない。

ネルソンとウィンターをはじめとするネオ・シュンペーター学派の経済学者に共通するのは、技術的発展が、数学の証明問題のように「問題の解を求める」ものではなく、「探索的」であり、いったん方向性が決まると、そのプランを基に、発展線に従って動き出すということである。ネルソンとウィンターは、特定の技術的方向付けがされた発展を「技術レジーム」と呼んだ。また、SPRUで博士号を取得したイタリア人経済学者のジョバンニ・ドーシは、科学と技術、そして経済がどのように関係しているかを説明する技術発展のモデルを作り「技術パラダイム」と呼ぶ。

パラダイムとは、アメリカの科学史家、トーマス・クーンが定義した科学者の思考様式のことであり、「模範」や「範例」を意味する。クーンによると、自然科学は真理に向けて連続的・漸進的に進歩するのではなく、革命的な業績が現れるごとに非連続的に進歩する。シュンペーターの考えた芸術の例のように、科学者集団は、革新的な業績における新しい物の見方や解き方のパターンを共有し始めるのである。こうした思考の規範や様式のことを「パラダイム」と呼ぶ。ドーシによると、科学のパラダイムが科学における原理や方法を決定するように、技術パラダイムも技術的問題を解決するための「モデル」や「パターン」をもたらす。そして、特定の技術的な目的を達成するために何を追い求め（positive heuristic）、何を無視すべきか（negative heuristic）を規定する。[*46]

技術パラダイムや技術レジームがどのようなものかを携帯電話産業の例を用いて考えてみよう。一九七〇年から八〇年代、草創期の携帯電話はアナログ方式であり雑音が入ることが多く、またトランジスタを使用していたのでサイズもかなり大きかった。「移動通信端末」という目的に向けて、デジタル技術、情報通信技術のパラダイムがこの携帯電話産業の問題解決方法を与え、この産業の発展の「技術軌道（technological trajectory）」を形成する。このパラダイムの強みは半導体ＬＳＩ技術の進歩と量産であり、携帯端末内の回路を小型化する、という目的に解決方法を与えた。[*47]同時にデジタル通信技術の発達により、クリアな音声を届けることが可能となった。しかし、より重要なのはＩＣＴパラダイムが、デジタル情報の大量な処理を可能にし、新たな市場の可能性を開いたということであろう。この方向性は、情報端末としての携帯電話の軌道を形成する。端末の軽量化に成功した後、消費者は徐々にメール機能やインターネットへのアクセスなど、情報をやり取りできる端末を選択するようになった。このように科学技術と市場とのインタラクションが発展の軌道を形成したのである。

ラテンアメリカの開発経済学、技術革新論を専門としているカルロッタ・ペレスは、ＳＰＲＵのフリーマンとともに技術パラダイム論を発展させ、シュンペーターの景気循環論により近い形で「技術・経済パラダイム論」を提唱した。本章の冒頭でも説明したが、シュンペーターは、およそ五〇年周期という長期の景気循環を三波設定し、それを「コンドラチェフ波」と呼んだ。ペレスとフリーマンは、それに続く波動として大量生産の第四波動、そしてマイクロ・エレクトロニクス産業に代表される情報通信技術（ICT）の第五波動、すなわち「ICTパラダイム」の到来を示した。彼らがいう技術・経済パラダイムとは、生産システムやイノベーションシステム、政治的ガバナンス、社会関係などをマクロレベルで統合した概念であるとされる。[*48]

例えば、大量生産を特徴とする製造業や重工業といった前パラダイムと、ICT技術を中心とするICTパラダイムは全く異なる構造と特徴を持っており、イノベーションを形成する生産環境や、技術に伴って生じる法的な問題、技術が社会に与える影響などは、大量生産のパラダイムとは異なる次元にある。

こうした「技術・経済パラダイム」の移行は、旧経済において、社会関係や雇用環境の変化に対する「調整」のための危機を生じる。例えば、労働者がICTに対応するスキルを身に着けていない場合、構造的な失業を一時的にでも生じることになる。フリーマンやペレスは、労働者の産業間移行がスムーズではなかったことが、一九七〇年代に生じたスタグフレーションの原因の一つであると考えた。しかし、これも長期的な景気循環の波の一現象であり、アメリカの失業率も一九九五年ごろまでには五パーセント前後まで低下した。その後、二〇〇八年のリーマンショックにおいて再び高失業率を記録するが、二〇一〇年をピークとして、これも二〇一八年まで下がり続けている。[*49] ICTパラダイムは、今のところ『経済発展の理論』に示された発展の調整の段階ではないのである。

ICTパラダイムではLSIの様なマイクロチップを安価に大量生産することが可能となったことで、コンピューターにおけるイノベーションに拍車をかけた。インターネットインフラが整備され、テレコミュニケーションが発達し、マイクロ・エレクトロニクスをベースとしたICT技術が発展した。そしてこのパラダイムに乗った数々の企業者が現れ、パラダイムの発展の方向性を決定付けた。その結果が、冒頭の消費者物価指数の標準商品の改廃で見た新たな財の奔流である。新たな商品やサービスの提供、製造を担う新パラダイムの旗手は、旧パラダイムの企業を次々と退出させる。旧産業にいる企業は、新しいパラダイムをうまく取り入れて適応しないと、淘汰されてしまうのである。

暮らしはどのように豊かになったか

ここで本章の冒頭の問いに戻りたい。すなわちICTパラダイムの発展と、そしてスマートフォンの登場により、暮らしはどのように豊かになったのだろう？　経済成長論では、国民所得の増加が問題となっている。名目所得ではなく実質所得で考えたとき、我々が物質的に豊かになったと考えることも可能だが、これだけでは「発展」を考えたことにはならないだろう。本節では、生活の豊かさについて①余暇の増加、②技術進歩による利便性の向上、③教育機会の増価について、考えてみたい。

生産統計や人口一人当たりの実質平均所得といった指標がはらむ問題について、シュンペーターは次のように述べた。

まず、この指数には「仕事から解放される余暇の時間」という商品が含まれていない。指数は主に必需品や中間財から作成せざるを得ず、新商品が細くできなかったり、新商品の比率が不十分になる。同じ理由で、商品の品質向上も事実上全く考慮されていない。これまでの進歩は様々な面で品質の進歩が核をなしていたが、一九〇〇年の自動車と一九四〇年の自動車の違いを適切に表す手段も、効率一単位当たりの自動車の価格がどれほど下がったかを適切に表す手段もない。[*50]

経済指標に出ない豊かさとして、シュンペーターは生産性の増加による余暇の増大、そして技術進歩による財の利便性の向上を挙げる。彼は「人類が尊厳のある生活を送っているか、充実した快適な生活を送っているか」を問うた。技術的な生産効率が向上し、生産が増加したとしても、経済発展がいかに個々の生活を良くしたか、という生活の満足感は指標には現れにくい。

シュンペーターは、技術発展が人々の労働時間を短縮させるだろうと考えた。彼の時代、機械は人の物理的労働を軽減してきたが、現代ではコンピューターが我々の知的労働を軽減する。例えば、以前は準備に時間がかかっていた出張の手配や、旅先の地図や乗り物の情報もスマートフォンで素早く手に入る。また、AI技術やICT技術の手助けによって顧客情報管理や在庫管理、会計等、オフィス作業の労力が格段に節約されることで、労働時間を短縮し、余暇を楽しめるようになるとするならば、これらは生活の質を向上させるであろう。

シュンペーターは一般労働者が、高性能な商品を入手できるようになったことが発展の成果であるとした。冒頭で述べたが、スマートフォンはアポロ計画で使用されたものや、一九六〇〜七〇年代にスーパーコンピューターと呼ばれたものよりも、はるかに計算処理能力の高い集積回路が搭載されている。集積回路の発展に関して「ムーアの法則」という、経験的法則がある。ムーアの法則はＬＳＩの密度が一八か月で二倍になるという技術的な発展を示しているが、この法則に従うと、デジタル集積回路の機能当たりの価格は一〇年で一〇〇分の一というペースで下がり続けてきた。[*51] 計算処理能力の高い集積回路が大量に生産され、それを企業者が一般向けの商品に搭載することによって、パーソナル・コンピューターやスマートフォン、スマート・スピーカーのような、高い計算能力を持つデバイスが一般にも普及した。

高い計算能力はデジタル通信の信頼性を高め、ネットによる通信をより身近にした。例えばスマートフォンで得られる情報や、撮影された動画は、ネットを通じてすぐに配信され、共有されることができるようになった。結果、各地の天気、災害や事故現場の状況、街の隠れたおいしいお店や、地域のイベントなどは、即座にスマートフォンユーザーの手の届くところとなった。

シュンペーターによると、資本主義は教育の格差も減少させた。新聞や書籍は入手しやすくなり、また世論の高まりによって高等教育は拡充した。[*52] 資本主義は教育の格差を縮小することによって、ホワイトカラー層を増加させた。さらに近年、知識の格差はデジタル化技術とインターネットの普及により一段と縮小した。その好例が「百科事典」だ。経済学者のカール・シャピロとハル・ヴァリアンによると、二〇〇年以上の歴史を持つ『ブリタニカ大百科事典』は全三二巻で、一九九〇年ころまでは一六〇〇ドルの値段が付けられていた。しかし一九九二年、マイクロソフトが安価な百科事典のＣＤ－ＲＯＭ版を四九・九五ドル程度で発売し、ブリタニカも電子版市場へと参入した。しかし、ブリタニカは安価なマイクロソフト製に負け続け、一九九九年には八九・九九ドルまで値下げせざるを得なかった。[*53] 二〇一八年現在では、アマゾンの通販サイトにおいて、『ブリタニカ国際大百科事典』のCD－ROM版は一万六千円程度、アマゾンのプライム会員になると一万三千円程度で購入することができ、さらに、バージョンが古いものであれば一万円以内でも購入可能である。質の高い知識がより安価に手に入るようになったのである。さらに近年では、インターネット上のサイトであるWikipediaが、インターネットからアクセス可能な、オンラインの百科事典の役割を果たしている。ネット接続さえできれば、百科事典並みの知識が誰でも無料で手に入るのだ。

近年、高等教育に接する資産が無い人でもオンラインで、無料で大学の公開講座を受講できるようになった。また、グーグル検索は必要な情報を瞬時にスマートフォンにもたらしてくれる。これまで教育における所得格差の問題も取り上げられてきたが、ネットインフラにアクセスできる条件さえ持っていれば、教育格差の問題も、「意欲」によって乗り越えられうるかもしれない。

シュンペーターも指摘する通り、「豊かさ」の指数とは、GDPがどれだけ増加したかではなく、何が可能になったかを表す指数であるべきだ。新しく手に入るようになった財で何が可能になったか、自由な余暇はどれだけ増加したのか、そして、人々の知識はどれだけ増加したか等、生活の質の改善も考慮に入れた指標が考案されるべきだろう。

シュンペーターは資本主義が、財の安価な提供を通じて、一般市民の物質的富を増大させ、一般労働者の生活水準を向上させたと考えた。実際、スマートフォンをはじめとする様々な情報通信技術により、普通の人ができることが増え、暮らしはいっそう便利に、豊かになった。しかし彼の経済発展理論は、企業者に独占的な利潤を与えることにより、格差を容認するものである。人は、自分の生活水準を「過去の暮らし」とよりも、「他者の暮らし」と比べるものである。資本主義は、こうした格差に敏感な「知識人層」を形成するのに一役買った。シュンペーターによると、資本主義によって生まれた彼らは、資本主義に批判的になりがちなのだ。

ＩＣＴ産業では研究開発（Reserch and Development）に非常に資金がかかるため、資金を持つ強い経済主体が有利となる。さらに、次章でより詳しく論じるが、ＩＣＴパラダイムは、その特質上、独占的市場構造が発生しやすいうえに、労働力を著しく節約する潜在的な可能性を秘めている。独占的な大企業が莫大な利潤を上げる一方で、そうした企業が雇用を増加させるとは限らない。また、「情報」を扱う産業は、一般市民に膨大な知識を提供する一方で、企業にとって重要な消費者動向などの「情報」を囲い込み、特定の情報の独占を行う。企業間で大きな情報の格差が生じている。

生活は便利になり、我々ができることは以前と比べはるかに増加したにもかかわらず、資本主義には未だに、漠然とした不安が掻き立てられる何かがある。果たして資本主義は安定的なのか、それともマルクスがいったように、何らかの内在的な問題があるのか。ベーム・ゼミにおいて、また第一次大戦後のオーストリアの社会主義政党において「資本主義の安定性」という難問に直面したシュンペーターは、アメリカにおいて、再びこの難問に挑戦することになる。

＊1　R・クームズ、P・サビオッティ、V・ウォルシュ、『技術革新の経済学』、一三五ページ

＊2　おそらく携帯用の旅行予約サイトの予約完了メールを自動的に読み取ってカレンダーやGoogle Map上にフィードバックしているものと思われるが、すべての旅行サイトに対応しているわけではなさそうである。

＊3　松村太郎、『スマートフォン新時代――賢いケータイが社会を変える』、NTT出版

＊4　鈴木淳也、『Apple Pay――決済の黒船』、日経BP

＊5　そもそも、アポロ計画の月着陸から大気圏再突入に至るまで、手動で行い得たものであり、それほど高性能なコンピューターは必要なかったという指摘もある。とはいえ、国家プロジェクトで使われたような性能のコンピューターが個人の手にあるということ自体、驚異的なことであろう。

＊6　ジョセフ・アロイス・シュンペーター、『資本主義・社会主義・民主主義』、上巻、一八二ページ．

＊7　『資本主義・社会主義・民主主義』、上巻、一八四ページ．

＊8　塩野谷祐一、『シュンペーターの経済観――レトリックの経済学』、一九三ページ

＊9　Freeman, C and Perez, C（1988）"Structural crises of adjustment, business cycles and investment behaviour", in Dosi, etal., *Technical Change and Economic Theory*, pp.38-66.

＊10　総務省統計局ホームページ「消費者物価指数の改定に伴う主な改廃品目一覧」『２０１５年基準 消費者物価指数の解説：消費者物価指数の沿革』（http://www.stat.go.jp/data/cpi/2015/kaisetsu/index.html）

＊11　詳しくは、谷嶋喬四郎の『社会科学の未来像』を参照。同書はシュンペーターの離任演説を彼自身が一九一五年に書き下ろして出版されたものの全訳であり、谷嶋氏の解説が非常に充実している。

＊12　ジョセフ・アロイス・シュンペーター、『社会科学の未来像』、二二―二四ページ．

＊13　『社会科学の未来像』、二五ページ

＊14　このような科学的歴史学の萌芽は、「人類史」の出現であった。例えば、イーゼリンは一八世紀の啓蒙思想家であり、人類の発展段階を個人的成長に置き換え、感性を自然状態、想像力を未開時代、そして理性を道徳状態に対応させた。ランプレヒトは一九世紀末に活躍したドイツの歴史家であるが、原始時代から現代に至るまでの時代にはそれぞれ、象徴的・慣習的・精神的特性があるという発展法則を説いた。イーゼリンやランプレヒトの描く〝人類史〟は、歴史的事実を、他の科学を援用して分析したという意味で、歴史的な意味や目的論を扱う〝形而上学〟とは区別される。こうした人類史的な試みは形而上学的なものから出たのではなく、歴史をそれに先行する状態から把握しようという、因果の道筋を明確にする科学的なものであった。

＊15　歴史学においては、ジャンバティスタ・ヴィコやモンテスキュー、スミス、テュルゴらが経験的な歴史的発展の一般化を図ろうとした。彼らに共通していることは、自己の経験や旅行記、歴史的叙述、民族史のような文献によって、経験的に裏付けられた歴史の一般法則を考え出そうとしたことである。シュンペーターによるとアダム・スミスにも「人類史・科学史・芸術史を書く構想」があったという。一八世紀はこうした発展の「普遍的理論」への希求が非常に強かった時代であった。

＊16　『社会科学の未来像』、七八－七九ページ

＊17　前出のフリーマンとペレスもこの学会と深い関わりを持つ。フリーマンは一九八八年、学会からシュンペーター賞を贈られている。

＊18　例えば、ジェフリー・ホジソンの批判を参照してみよう。「シュンペーター自身の経済進化の概念は、生物学的な意味での進化とは明らかに隔たりがあり、ダーウィン的ないしはラマルク的な選択過程を示すような内容は排除されているということを読者が知れば、驚くかもしれない」（ホジソン、『進化と経済学――経済学に生命を取り戻す』、二一三ページ）。

＊19　ジョセフ・アロイス・シュンペーター、『経済分析の歴史』、中巻、一一一一ページ
同書の中でシュンペーターは進化主義を五つに分類している。まずは（a）哲学者、ヘーゲル流の進化主義、（b）マルクスの進化主義、（c）歴史学の進化主義（おもにドイツ歴史学派）、（d）主知主義的進化主義（コント、コンドルセ）、そして（e）ダーウィン的な進化主義である。

＊20　コンドルセ、『人間精神進歩史』、二二一－二二三ページ

＊21　『進化と経済学――経済学に生命を取り戻す』一一七－一一八ページ　マルクスやエンゲルスは、歴史の発展法則を探求して彼らの主張に応用するため、進化主義者であったルイス・H・モーガンの『古代社会』などの著作を研究している。

＊22　歴史の経路がそのときどきの特殊な環境に依存していることを「経路依存」と言う。

＊23　『社会科学の未来像』、八三－八四ページ

＊24　『社会科学の未来像』、一八六－一八七．

＊25　シュンペーターはその理由について、第二版の序章で次のように説明した。
…私は我々の主題に接する理論的、統計的特殊問題の叢林にさらに一歩踏み込むよりは、むしろこれらの問題群にとって重要なことがらを簡潔に、単純に、新しい表現で、またできる限り印象的に再び読者に示そうとする方が事態により忠実であると信じたのである。

かくして、この版は短縮されることになった。初版の第七章はまったく省略されている。この一章がおよそ影響力を

持つとすれば、それは私にとってはまったく望ましくない仕方で行われた。ことにその中に示された文化社会学の断片は、読者の注意をともすれば無味乾燥の経済理論からそらせるものであった。しかもこれらの問題が解決されることを私は望んでいるのである。またこの断片はときには一種の賛成論を生み出したけれども、それが私にとっては望ましくないことは、私の説に従うことのできない人々の反対論と同じであった。

＊26 塩野谷祐一、『シュンペーターの経済観——レトリックとしての経済学』、九二―九八ページ

＊27 ジョセフ・アロイス・シュンペーター、「国民経済の全体像」、『社会科学の過去と未来』、三七九―三八〇ページ

＊28 「国民経済の全体像」『社会科学の過去と未来』、三八〇ページ

＊29 J.A.Schumpeter., Development, *Journal of Economic literature*, 43. P.112.

＊30 図3－1：チマブエ (https://commons.wikimedia.org/wiki/File:Cimabue_Maest%C3%A0_di_Santa_Trinita_Uffizi.jpg)
図3－2：ドゥッチオ (https://commons.wikimedia.org/wiki/File:Duccio_di_Buoninsegna_-_Maest%C3%A0_(detail)_-_WGA06743.jpg)
図3－3：マサッチオ (https://commons.wikimedia.org/wiki/File:Masaccio._Madonna_and_Child._1426._National_Gallery,_London.jpg)
図3－4：フラ・フィリッポ・リッピ (https://commons.wikimedia.org/w/index.php?search=Vierge_%C3%A0_1%27Enfant_-_Fra_Filippo_Lippi&title=Special%3ASearch&go=Go&ns0=1&ns6=1&ns12=1&ns14=1&ns100=1&ns106=1#/media/File:Vierge_à_l Enfant_-_Fra_Filippo_Lippi.jpg)
図3－5：マンティーニャ (https://commons.wikimedia.org/wiki/File:Andrea_Mantegna_-_Beweinung_Christi.jpg)

＊31 ホースト・ウォルドマー・ジャンソン、『西洋美術の歴史』、二六七ページ

＊32 『西洋美術の歴史』、三二五ページ

＊33 ジョセフ・アロイス・シュンペーター、『経済発展の理論』、上巻、二二二ページ・

＊34 岡田光正、『コンドラチェフ経済動学の世界——長期景気波動論と確立統計哲学』、二〇七ページ

＊35 しかし、Entwiklung では、「企業者」というよりも、焦点は「新規性」に置かれている。この論文でシュンペーターが議論したのは、経験的に現れた新規性を、どのように一般化・法則化ができるか、という問いであった。

＊36 Freeman and Perez “Structural crises of adjustment, business cycles and investment behaviour”, in Dosi, etal., *Technical Change and Economic Theory*, pp.38-66.

＊37 J.Fagerberg, D C. Mowery, Richard R. Nelson, *The Oxford*

Handbook of Innovation

＊38 この時期のケインジアンや新古典派総合（新古典派とケインジアンを統合した理論）については、伊藤宣広、『投機は経済を安定させるのか？　ケインズ「雇用、利子および貨幣の一般理論」を読み直す』を参照のこと。

＊39 この時期に脚光を浴びた学派として、フランスのレギュラシオン学派や新制度派などがいる。彼らの主張もやはり制度的な背景を重視し、主流派経済学を批判した。また、ネオ・オーストリア学派として、社会学的な分析までその視野を広めたフリードリヒ・ハイエクのリバイバルもこの時期に起きている。進化経済学会、『進化経済学ハンドブック』、二三八ページ

＊40 例えば、シュンペーターは『経済発展の理論』日本語版に序文を寄稿しているが、その中でマルクスを称賛して、マルクスの「経済システムそれ自身により生じた過程としての、まさに経済進化のヴィジョンこそが、彼を同時代、もしくは過去の経済学者と区別せしめている」（『経済発展理論』、上巻、一六ページ）と述べた。

＊41 R・ネルソン、S・ウィンター、『経済変動の進化理論』、四七ページ

＊42 『経済変動の進化理論』、五ページ

＊43 ハーバート・サイモン、『意思決定と合理性』、三四－三五ページ

＊44 『経済変動の進化理論』、二一三－二一四ページ

＊45 『資本主義・社会主義・民主主義』、上巻、二一一－二一二ページ

＊46 Dosi, G "Technological Paradigm and technological trajectories", Research Policy 11

＊47 井上伸雄、『情報通信技術はどのように発達してきたのか』、一九一－一九四ページ

＊48 Dosi, G and Mauro Sylos Labini, "Technological Paradigm and trajectories" in *Elgar Companion to Neo-Schumpeterian Economics*, p.339.

＊49 IMF World Economic Outlook Databases

＊50 『資本主義・社会主義・民主主義』、一八〇ページ

＊51 西村吉雄、『電子情報通信と産業』、三二ページ

＊52 「増大する敵対」『資本主義・社会主義・民主主義』、第一三章

＊53 カール・シャピロ、ハル・ヴァリアン、『情報経済の鉄則』、五〇－五一ページ

第4章

スマートフォンは格差を拡大するか

イノベーションの功罪

経済発展と豊かさは常に両立していくのだろうか。
『経済発展の理論』発表後、1929年の大恐慌を経て、
シュンペーターは経済発展を促した資本主義との距離を摸索していく。
本章では、1941年に発表された『資本主義・社会主義・民主主義』を参照しつつ、
彼の社会主義移行論も検証していく。
そこで展開される論は、格差が拡大していく現代社会の中での、
失業、雇用、教育問題への取り組みと共振している。

1 所得の格差とイノベーション

ICTパラダイムにおける市場構造

最近（二〇一八年冬）、ネットビジネス界における独占問題が話題に上ることが多い。おそらくニュースなどで「GAFA」という語を聞いたことがある方も多いと思うが、これは、グーグル（Google）、アップル（Apple）、フェイスブック（Facebook）、アマゾン（Amazon）の四社の頭文字を表す。この四社は、情報通信産業において大きなシェアを誇る、ICTパラダイムの巨人である。彼らはネットインフラの普及と斬新なアイデアにより、ここ一〇年以上にわたって世界の富を吸い上げている。情報化社会、グローバル社会における勝敗が明らかになりつつある一方で、労働者における勝ち組と負け組との所得格差もまた広がりつつある。

GAFAのうちグーグルとフェイスブック、そしてアマゾンの三社は二〇一八年の八月、米国においてトランプ大統領から「反トラスト法違反」の可能性を指摘され、[*1]さらに日本でも公正取引員会がGAFAを念頭において、規制を行うか否かの検討会が立ち上げられた。GAFAは自社のシステム内に集まる消費者の行動や市場動向のデータを集積し、それを活用してビジネスをしているのだが、検討会ではGAFAの使うデータの独占状態を独占禁止法で取り締まることができるかどうかが検討されている。[*2]そして、二〇一九年、EUはこれらの会社に、インターネット広告における競争違反を理由として十四億九〇〇〇ユーロ（約一九〇〇億円）の罰金を科し、日本の公正取引委員会もまた、GAFAの情報取得方法について、実態解明へと乗り出した。[*3]

GAFAのような企業は、「デジタル・プラットフォーマー」と呼ばれる。プラットフォームとは、コンピューター上において様々な操作をするためのシステムを指す。彼らは、それぞれのビジネスの基本的なシステムをインターネット上に作り、他の企業や消費者を自社のシステムに取り入れ、商品やサービス等を提供する。言い換えると、彼らはインターネットという仮想的な空間を通じて、実際の商品やサービスを取引きする場を提供しているのである。例えば、アップルはiPhoneという革新的デバイスによって、アマゾンは世界最大の利用者を誇るEC（electronics commerce）サイトによって、グーグルは最も利用者数の多い情報検索システムによって、そしてフェイスブックはSNSによって、それぞれサービスを提供している。

ICTパラダイムにおいて「情報」を扱う企業や、基本的なシステムを提供する企業は独占化しやすい。アップル社のiPhoneは二〇〇八年以降、携帯端末市場を席巻してきた。フォーブスジャパンの電子版記事によると、端末のマーケットシェア自体は韓国のサムスンや中国のファーウェイなどに抜かれ、徐々に低下しているのだが、利益に限ってみた場合、スマートフォン市場の八六パーセントをアップル社が独占している。[*4]また、ICTパラダイムの先陣を切ったマイクロソフト社製のWindowsはパソコンを動かす基本的なOS（オペレーション・システム）として、二〇年以上にわたって市場を席巻してきた。二〇一八年七月におけるOSのシェアは、Windowsが八八・四パーセント、アップル社製のマッキントッシュのiOSは九・一パーセントであり、両社で九八パーセント近くを占めている。これは異常な寡占状態であると言うべきだ。

一九九七年一〇月、米司法省はマイクロソフトを独占禁止法違反で訴追した。この裁判では、マイクロソフトがＷｉｎｄｏｗｓと抱き合わせでブラウザー（ネット閲覧ソフト）の「Internet Explorer」を提供していることが問題となった。一九九〇年代前半は、ネットスケープという新会社がインターネット向けのブラウザーを開発し、市場を席巻していたのだが、それに目をつけたマイクロソフトがネットスケープを叩き潰すため、自社で開発したブラウザーをＷｉｎｄｏｗｓ95に組み込んだのである。当時アメリカでは、司法省とマイクロソフトの両者のどちらが正しいのかについて議論が交わされたという。*5

歴史的にいって「独占」が問題となるのは次のようなケースである。正常な競争的市場では価格競争（値下げ競争）を通じ、財やサービスの価格は適正な水準まで抑えられる。しかし市場に競争が働かない独占市場の場合、価格競争が生じないため、財の価格と供給量が適正な水準では決まらない。値下げ競争を仕かけてくる相手がいないので、独占企業は、仮に需要が減っても、利潤を上げることのできる、ある程度高い価格で販売することができる。このように独占市場では商品の価格は値上がりし、独占企業の利潤は最大化される一方、消費者は高価格で買わなければならず、損をすることになる。しかし近年、「品薄で割高」が需要者に過剰な負担を強いるような、伝統的な「独占」観は薄れつつある。

マイクロソフト問題の難しさ、ひいてはＩＣＴパラダイム自体の問題というのは、独占企業が提供する財にもかかわらず、価格が上昇する方向には動かず、「無料」で配布されてしまうという点であろう。Ｗｉｎｄｏｗｓを買えばブラウザーも無料で付いてくる、ということであれば、消費者にとっては逆に喜ばしい。また公正取引委員会が二〇一八年末に提出した、『デジタル・プラットフォーマーを巡る取引環境整備に関する中間論点整理』もこれらの企業が消費者にとって一定の役割を果たしていることを強調しており、消費者が「多数の商品・サービスを選択することができるのみならず、デジタル・プラットフォーマーが提供する一定の安全・安心な場の下で取引を行うことができるなど、（デジタル・プラットフォーマーは：筆者）その便益向上につながる存在」であるとしている。[*6] 実際に、あらゆる人が同じ規格の製品を使うことができるのは、消費者にとってのメリットにもなる。GAFAは独占企業であるが消費者の生活の役に立っているのである。

しかしICTパラダイムは同時に、極端な所得格差を生み出すのではないかと危惧されている。本章では所得格差の問題や、富の集中、すなわち独占の問題を考えてみよう。

資本家と労働者

ICTパラダイムは、その産業構造ゆえに勝ち組と負け組を明確に分けた。持てるものはますます富み、持たざる者はますます貧しくなった。シリコンバレーでIT企業経営コンサルタントを営む梅田望夫は、著作の中でシリコンバレーにおける貧富の差の拡大を憂いている。優秀な人材は「ストック・オプション」により自社株を購入する権利が与えられ、個人報酬を彼らが創出した企業価値とリンクさせる。仕事を頑張って自社の価値が上がれば株価も上昇し、キャピタルゲインによって時には生涯所得を一〇年で稼ぐようなものも現れる。それに対して、グローバル化した労働市場においては労働の価格競争が働き、最低賃金に近いレベルで働く労働者数も増加するだろう。梅田は「創出した企業価値と比例」する所得の上層と、「労働のグローバル価格競争」により賃金を下限に抑えられた下層という、「異なる価格決定メカニズム」によって極端な貧富の差が生じるかもしれないと予測する。[*7] こうした格差はすでに、いくつかの研究で検証されている。

経済学書としては珍しいベストセラーとなった『21世紀の資本』を著したトマ・ピケティによると、ICTパラダイムが始まった一九八〇年以降の米国において所得格差が爆発的に拡大したという。彼のデータを見ると二〇一〇年、上位一〇分の一の所得を稼ぐ層の、米国国民所得に占めるシェアは五〇パーセントを超えた。つまり、上位一〇パーセントの人々が米国の富の半分を稼いでいるのだ。ピケティによると、資本の成長率が実物経済の成長率を上回る場合、前年と同じ規模の生産に必要な費用を資本から賄うには、実物成長分の再投資を行えばよい。すなわち、同じだけ作り続けていっても、資本の余剰分がどんどん蓄積されてゆくのである。資本はこのように持続的に成長するのだが、労働に分配されるべき部分は経済成長以上には成長しない。これがピケティの説明する格差拡大の要因である。

資本を持つ者と持たざる者の間の格差は、資本主義の萌芽期から長く議論されてきた問題である。一九世紀の労働者は現代よりもはるかに悲惨な境遇の下にあった。産業革命が最初に起こった英国では、蒸気機関や紡績機等といった技術が生産力の増強と、それによる経済成長を促した。しかし一方で、資本家と労働者間の経済的・社会的な格差が広がり、労働運動が頻発することになる。産業革命で潤ったのはごく一部の資本家であり、労働者は長時間労働と貧困に苦しんだ。一八三三年に「工場法」が制定され、一日当たりの労働時間上限が一〇時間と決められるまで、一九世紀初頭の工場労働者の働かされ方はすさまじかった。英国の社会運動の父と呼ばれたロバート・オウエンの自叙伝によると、一九世紀初頭、子供の一日当たりの労働時間として一四時間は当たり前であり、「残忍強欲」なところは一六時間も働かせていたという。当時の工場は作業環境も劣悪であり、労働者の健康状態も悪かった。*8 オウエンは労働環境の改善を目指し、自らの紡績工場で労働者の教育や福利厚生に力を入れ、さらに、若年層の労働時間を制限する「工場法」の制定にも尽力した。[*9]

工業国である英国と競争しなければならなかったドイツにおいては、状況はさらに悪かった。ドイツでは一八三〇年代後半には児童労働を規制し始めたが、工場労働は児童に限らず多くの人を犠牲にした。近代史のジェリー・Z・ミュラーはこの惨状を次のように描写している。

長時間労働、たとえば一日一二時間労働は珍しいことではなく、一七時間労働も実際の例がある。労働条件も悪く、耳をつんざくような騒音、ものすごい暑さ、そして換気が十分でない工場でむせかえりながら、労働者は働かされた。単調な動きを余儀なくされるので、身体に対する負担はいや増すばかりだった。四〇歳にもなれば、そのような労働条件の下で二〇年以上も働かされた労働者はすでに老人といってよかった。運よく障害や病気につながるような事故に出合わなかったとしても、中年の労働者を待ち受けているものは、所得の減少と貧困に終始する老後だった。[*10]

労働者が困窮を余儀なくされた一方で、工場を所有する資本家は競争が激しいので、労働時間をできるだけ長くして生産を増加し、賃金を最低限に引きとどめて利潤を上げようとする。マルクスはこのような資本家による労働者の「搾取」が、資本主義に本来的に内在する問題であると考えた。

マルクスとシュンペーター

労働者が低賃金のまま働かされ、資本家は持っている資本を増殖させてどんどん豊かになるとするならば、労働者はこのまま貧困に苦しみ続けなければならないのか。また、この格差は世代を越えて広がり続けるのか？

この問いは、マルクスとシュンペーターが資本主義をどのように捉えていたかを分ける重要なものだ。マルクスは資本家と労働者の階級が固定的であり、その格差は拡大すると考える。そしてこの格差こそが社会主義革命を必然的に生じ、歴史が駆動する要因となるのである。一方シュンペーターは、企業者がこの格差をひっくり返すチャンスがあるからこそ、資本主義が駆動する原動力となると考えた。両者の違いを以下で考えてみよう。

マルクスは資本家と労働者の対立を強調するが、彼によるとこの対立は資本主義以前の封建時代から持ち越されたものである。マルクスは資本主義が誕生する前提となった富と、労働階級の出現を説明するために、資本主義の「典型的な形態」であるイギリスの歴史を例にとる。彼は社会階級を、生産手段を所有する「資本家」か、もしくは所有しない「労働者」に分ける。持てる者と持たざる者がいかに歴史的に分離したかを示そうとしたのだ。

マルクスによると、資本主義が成立する契機となった富の蓄積と労働者階級の形成のプロセスは、基本的には収奪の歴史であった。その収奪の歴史は、封建領主が農民を耕作地から追い出す、エンクロージャー（囲い込み）に始まる。封建領主が農村を支配していた一五世紀、イギリスの農民は自らの土地を持ち、その下で比較的自由な自営的生産を行っていた。しかし、一五世紀末から一六世紀にかけて、貴族たちがより儲かる羊毛生産に土地を使うため、自営農民の土地を収奪し、彼らを追い出して土地の囲い込みを行った。収奪はその後もたびたび生じる。一九世紀には「地所の清掃」の名の下、約三〇〇〇戸、一万五〇〇〇人の農民が追い出され、一三万一〇〇〇頭の羊に置き換えられた。土地を失い、ロンドンをはじめとする大都市に移住した元農民は、資本家に使われ、工場などで働く「労働者階級」となった。他方で農民からの搾取は大土地所有者たる地主と、地主から土地を借りて農場経営を行う農業資本家を生み出した。さらに、貿易や植民地からの収奪など、重商主義的政策以来積み上げられてきた資本は、大工業時代に入り、巨大な力を持つ産業資本家を生み出すに至る。マルクスは資本家階級と自由労働者（自由に使用される労働者）が存立していることが、「資本」が歴史的に成立するための条件であることを強調した。こうして「どんなに労働しても相変わらず自分自身よりほかにはなにも売るものをもっていない大衆の貧困と、ずっと以前から労働しなくなっているにも関わらず、なお引き続いて増大する、少数の富」が始まったのである。[*11]

一方シュンペーターは、資本主義の発展の契機が「人並み以上の知力と精力」を持つ者によりもたらされた、と考えた。銀行などの信用創造機構が発達する以前、発展を引き起こした最初の富の蓄積は農民から収奪されたのではなく、企業者の利潤から積み上げられたものである。起業しようとする者はみな節制して貯蓄する。彼らはその日暮らしの生活から脱し、起業のプランを立て、協力を取り付ける余裕を作る。[*12]こうして最初の富が積み上がり、機械設備への投資とつながったのである。

『経済発展の理論』でも論じられていたが、企業者は資本家である必要がない。企業者は資本家や銀行からの貸し付けによって資金調達ができる。シュンペーターは英国のシドニー・チャップマンによる綿業の研究を例に挙げているが、英国の綿業における企業者のうち、労働者階級出身の者が六三パーセントから八五パーセントに上るという推計が出た。[13] 労働者階級から起業を経て資本家階級に移行した者が沢山いるのだ。さらにシュンペーターによると、個々の階級は生成し死滅する。そこにはマルクス主義が強調するほどの階級の固定性は無く、階級を超えて個人と、その家族の地位は変動する。平均以上の知性とエネルギーによって、労働者階級にも現状を変えるチャンスがあるということになる。

ICTパラダイムのサクセスストーリー

シュンペーターのこのシナリオは、とても魅力的だ。仮に工場労働者として働いていたとしても、ひょっとすると経済的に成功をおさめる可能性があるかもしれない。そして、仮に家の格や出自といったものに出世が影響されないのであれば、能力さえあれば、誰にでも何らかのチャンスがあることになる。現代のICTパラダイムの寵児たちも恵まれた環境で育ってきた者たちばかりではない。スティーブ・ジョブズは両親が学生のときにできた子であるが、産まれる前から養子に行くことが決まっていた。母親のジョアンの父は、相手がムスリムのシリア人だったことから結婚を認めなかった。まだ大学院生であったジョアンは未婚の母となる予定だったが、ジョブズを育てることができないと判断し、養子に出すことを決めたのである。ジョアンはジョブズが高学歴のホワイトカラーにもらわれてほしかったのだが、養子縁組が決まったのは実母が望んだようなステータスのある家庭ではなく、「学歴も無ければ収入も低いブルーカラー」[14] であった。養父のポール・ジョブズは農家の出身であり、大恐慌の混乱を経て沿岸警備隊に入隊、機械工として務めた後、引退して信販会社の取り立て屋となった。

また、アマゾン設立者のジェフ・ベゾスの両親も学生結婚、それも両親はまだ高校生であった。一九歳の父親はアルバイトで生計を立てていたが酒におぼれて離婚、若い母親はキューバ難民のミゲル・ベゾスと再婚した。父親のミゲルは一五歳でアメリカに渡り、マイアミの施設で一年間過ごした苦労人である。ミゲルは奨学金を得ることに成功し、学費が無料のアルバカーキ大学に進学する。生活費は夜間、銀行で働いて賄っていたが、そこでジェフの母親と出会った。ジェフ・ベゾスの性格は努力家の父親に培われたのである。[*15]

ＩＣＴパラダイムの巨人を例に挙げなくても、シリコンバレーでは、立身出世を狙う若者たちがひしめいている。梅田望夫は、これをプロスポーツになぞらえた。梅田によると「ピラミッドの頂点にはシリコンバレー・リーグがあり、リーグ入りの可能性はすべての人たちに一応オープンになって」いる。その競争は苛烈であり、個人の実力が正しく反映されているかどうかは判別しがたいが、そこには「才能をアピールする場」が存在しており、同時に「才能を発掘するメカニズム」も働いている。[*16]

シュンペーターの時代においては、企業者に資金を融通するのは、個人資本家や銀行であった。才能ある企業者に資金を融通するシステムは、戦後を通じてさらに進化していった。戦後間もない一九四六年の米国では、元エンジニアであったボストン連銀のラルフ・フランダースがアイデアを出し、企業者に資金を融通するＡＲＤ（American Research and Development）というベンチャーキャピタルを設立した。当初このＡＲＤに資金を提供していたのはマサチューセッツ工科大学（ＭＩＴ）に所属する教授たちであったという。[*17] 一九七一年には政府がＮＡＳＤＡＱの設立を認可し、一般の証券市場よりも緩い条件での上場が可能となり、新興企業の上場が速やかに、簡単になった。[*18] ＮＡＳＤＡＱはＩＴ関連企業が多数上場しており、IT企業者の資金源の一つとなっていることがわかる。仮に資金繰りに苦しみ、経営が行き詰っても、それについてくよくよしてはいけない。ネットバブル崩壊直前の二〇〇〇年ころまで、シリコンバレーの企業者には三つの流儀があったと梅田はいう。

第一に、事業の成功・失敗はあくまでもビジネスというルールのある世界でのゲームで、それを絶対に人生に反映させないこと。

第二に、事業とは「失敗するのが普通、成功したらすごいぞ」というある種「いい加減な」遊び感覚を心の底から持つこと。「成功するのが当たり前、失敗したら終わり」という「まじめ」発想を一掃しなければならない。

第三に、失敗したときに、「投資家や従業員や取引先といった関係者に迷惑がかかる」という考えを捨てること。皆、自己責任の原則で集まってきているのだと、自分勝手に都合良く思い込まなければならない。[*19]

ネットバブルの崩壊によりこうした極端な楽観論は消え失せたとはいえ、これらはシュンペーター型の資本主義を良く表している。投資家と企業者は、それぞれ役割が異なっており、企業者が資金に困ったとしても、責任を感じる必要は無い。こうしたある種のポジティブさ、無責任さが人材を産業に呼び込み、イノベーションを起こし、企業者の社会的地位を変化させる原動力となった。

シュンペーターは階級内、もしくは階級間での地位の変化をもたらすものとして「適性や行動様式[*20]」

を挙げる。この適正は社会における諸機能を果たすうえで必要な「指導力」と関係している。社会的環境をじっくりと見定め、何が社会に必要とされているかを考えることが企業者にとって重要な仕事となる。ＩＣＴパラダイムにおいて、ジョブズやベゾスの性質は、時代の要請にかなっていたのであろう。彼らは行動が早く、直感的で、しかし頑固で繊細だ。展開の早いＩＣＴ産業の中で強力な競争相手と戦うには、強い個性とリーダーシップが必要だった。逆に適性を持たずに、ぼんやりと生きている資本家は簡単に没落する。シュンペーターは競争的な資本主義が「常に満席ではあるが、座っている人々は常に異なっているような乗合自動車」[*21]に例えた。個々人の力量によって、空いている座席に座ることができるか否かが決まる。資本主義は搾取のシステムなどではなく、勝ち負けがその努力と運に応じて決まる、ある程度公平な世界であると彼は考えたのである。

シュンペーターは『経済発展の理論』において、企業者がイノベーションによって得られる利潤の一部を「独占利潤」と同じものと考えた。企業者は「新しい」ことを成すことによって、一時的に市場において独占者となることができる。なぜなら新商品や新市場の開拓は、それ自体が市場で唯一のプレーヤーとなれることを示しているからだ。例えば携帯電話を最初に開発し、市場に投入した業者は、競合相手のいない市場で潜在的な需要を試算しながら価格を設定し、それを販売することができる。しかし、そこに競争の原理が働く。先導的企業者がイノベーションによって利潤を上げているのを見た他の経済主体は、我も我もとその市場に参入する。新規参入によって競争状態が戻ってくるにつれて価格は下落するため企業者利潤は徐々に減少してゆき、最後には競争均衡に至る。

『経済発展の理論』では競争的市場での企業者によるイノベーションを想定していたシュンペーターで

あるが、その後の企業者に対する経済社会学的研究において、現実の経済が、中小企業による競争市場にはなっていないことを認めた。一九二〇年代以降の彼の著作からは自由競争における企業者の影は薄れ、合理化し、官僚化した大企業が市場を席巻し、効率的に財を生産するというストーリーに変化した。[*22] 実際、世界経済をけん引していた一九〇〇年代以降のアメリカの主要産業は、中小企業の完全競争状態などでは無く、大きな組織を編成するために合理化した巨大企業が市場を支配し、市場を世界に拡大しつつあった。

2 大企業化と企業者像

企業者の重要性の変化

『経済発展の理論』では、才覚・指導力に富み、元手が無くても果敢に新しいことに挑んでいく企業者の活躍を経済発展の原動力としたシュンペーターであったが、一九二〇年代以降の論文では、徐々に「企業者」よりも「大企業」を重視するようになった。理由の一つは、資本主義が成立した初期からの概念である「競争」の質の変容にある。一八～一九世紀の産業革命期を経て、二〇世紀に入り、重工業が発達するが、大規模な投資が必要となる重工業では強力な資本が必要であり、徐々に市場経済は独占化・大企業化していた。彼はこれを、「競争的資本主義」と区別して、「トラスト化された資本主義」と呼ぶ。一九一四年に始まった第一次世界大戦以降の欧州の混乱もあり、アダム・スミスのころの初期資本主義とは、競争や市場の質も大きく様変わりしていた。
『経済発展の理論』を執筆した後、シュンペーターは「経済社会学」という新たな研究プログラムを開始したが、その一環として「企業者」の研究が独立した研究プロジェクトとなった。彼の関心の中には、既存の「自由主義的」な経済理論がどこまで現実の説明に耐えうるか、という問題意識があった。経済理論における競争理論は、無数の小さな企業が価格競争を行うという過程を想定する。現実問題としてカルテル（企業連合）やトラスト（資本結合による合同）が横行している時代、「組織化」した経済主体を分析せずに、零細企業から出た企業者を分析の主体としてよいのだろうか？

では、組織化された大企業の内部で、企業者はどのような働きをするのか。企業者の特質として本来必要なのは、新しいことを生み出す力であり、新しい物事に対して拒絶反応を示す世論や官僚に我慢強く対処する、類まれな資質である。他方で組織化された企業を統率するために必要な資質とは、管理（management）の能力であり、その機能は「規律のコントロール・代表・維持[*23]」など、彼が本来、「静態的」と考えたものである。

シュンペーターによると、競争的市場を経て大企業化した組織というのは、個々の企業のつながりや利害を離れて、「公的機関」に近くなってゆく。事務仕事は増加し、合理的な処理が求められるようになる。また「新しいこと」が日常的に生じることに慣れてくると、そもそも「企業者」の役割の重要性は低下してゆく。新商品や新しい組織などといった「新しいこと」も、組織内で合理的に処理されるようになっていると彼は考えた。

合理的な処理を可能とするのは「計算可能性」である。経済発展の理論において、企業者の重要な性質の一つは、未知の不確実な問題に立ち向かってゆくことであった。しかし未知の問題に対する分析能力が強化され、計算可能性が向上すると、「一般にリーダーの機能を容易にするとともに民主化」し、企業者がかつて直面した困難を解消して「企業者の機能を特に容易にし、民主化するだけでなく、その重要性を低下」[*24]させる。新しいことは特殊な能力の無い、一般の人にも遂行可能なことになるのである。

大企業にとって、次の時代に備えてどのように判断し、どう迅速に行動するか、といった意思決定の問題は、組織の規模が大きくなるにつれて複雑さを増し、一人の企業者の手には負えなくなってゆく。企業者の自由裁量の余地は徐々に縮小し、代わりに専門家集団が彼の仕事を肩代わりするようになる。例えば、競争市場時代の企業者は、「技術的発明」をある程度把握しておくことが課題であったが、これらも専門的な技術者の「計算」に取って代わられる。また、商業においても「計算」が、徐々に企業者の意思決定に入り込んでくる。[*25]

正しい行動にまつわる魅力と難しさは、データでつかみきれない予測不可能性にあった。今日では統計資料と統計手法の進歩により、データはすべて予測可能となっている。世界最大の電話システム――民間企業――の経営幹部が、かつて適切な時点で電話サービスの自動化に移行していたなら、それは「企業家としての行動」だったはずである。今日の彼は国民経済学のオフィスを有している。そしてこのオフィスが彼に対し、「今後一〇年から一二年の間にニューヨークでは電話交換手が人手不足になる」と高い確率のある予測を述べる。すると「自動化」が――先方で――「自動的に」始まる。ビジネスの状況でさえ、景気循環はしだいにその神秘性を失い、曲線と相関関数が「判断力」や「感覚」に取って代わる。[*26]

一九世紀にかけて活躍していた発明家的な企業者の役割は、二〇世紀には徐々に影を潜めつつあった。例えばジェネラル・エレクトリック（GE）社は一九世紀後半、エジソンを中心とする発明家企業を中心として成立した企業であった。当初、GEの作るものは彼らの特許に基づいていたが、産業が成熟し、中心的な技術が確立した一九世紀末から二〇世紀にかけて、彼らのような発明家としての役割は終わっていた。[*27] GE内には研究開発部門として、工務部（engineering department）が設置されており、そこでは、かつての発明家が行った基本的発明を洗練することが主な仕事となっていた。

大企業の合理化・効率化も進んだ。二〇世紀初頭のアメリカの電話産業を独占的に支配していたAT&Tは、電話の運営、製造、研究開発を統合的に行う巨大組織「ベル・システム」を構築した。地方の電話会社の買収を繰り返し、地方に二一の運営会社を設立、電話機製造や設置を行う部門としてウェスタン・エレクトリック社を部門化し、研究部門（Research Branch）としては、ベル電話研究所を設立した。これらの大企業はイノベーションを「計算可能なもの」とし、企業者の手から切り離して、企業内へと「内部化」しつつあった。シュンペーターは、彼が『経済発展の理論』で描いたような零細企業から立身する企業者の時代はすでに終わっていると考えた。そして一九世紀の自由競争の時代とは区別し、大企業が主体となった二〇世紀の資本主義を「トラスト化された経済」と名付けたのである。

大企業化の功罪とICTパラダイム

シュンペーターによると、一九世紀にもトラストやカルテルは存在したが、資本主義は競争原理を特徴としていた。この当時の「独占」は本章の冒頭で議論したような「伝統的な独占」であり、自由参入が阻まれることにより「過少供給・高価格」が生じ、新規参入の機会や需要者の利益が奪われた。それ以来、幾度となく独占への対応が促されていたのだが、二〇世紀初頭は一九世紀と比べ、重工業といった主幹産業が巨大化し、「自由競争」の理想と現実が調和しなくなっていた。しかし、大企業化が悪い結果しかもたらさないとは、シュンペーターは考えなかった。

確かに大企業化は、計算可能性と合理化を通じて、本来の資本主義のエンジンたる企業者機能を低下させるかもしれない。しかし他方で、中小企業では到達できないような「生産技術や商業的技術の進歩」が大企業によって達成されたのも事実である。競争する小規模な馬車会社よりも、独占的な巨大企業である鉄道会社が一社あった方が、より良いサービスを提供することができる。[*28]

シュンペーターは後期の著作『資本主義・社会主義・民主主義』において、主流派経済学の独占理論の欠点を指摘している。先ほども触れたが、伝統的な独占理論が導く結論では、独占価格は競争価格よりも高くなり、独占企業の生産量は競争企業の生産量よりも少なくなるはずである。しかし、これが適合するのは「生産方式・組織など諸々の条件が独占企業と競争企業で完全に同じ」[*29]と仮定した場合に限られる。現実には独占企業にしか使えないような「優れた方法」がある。例えば研究開発部門や市場予測などの専門家集団に代表される「頭脳」であり、次に内部資金に象徴される「資本」である。それぞれ、頭脳は効率的な生産方法を可能にし、資本は信用に頼らずとも自社の内部資金によって開発ができる。大企業の大量生産がモノをいうようになってくると、通常の競争理論が想定するような中小企業の生産効率・組織効率では安い価格が達成されるとは限らず、生産効率の高い大企業の方が、機械の大規模な導入や生産組織の再編により、価格を抑えて供給量を増やすことができる。

シュンペーターは主流派経済理論がいかに独占企業の生産における貢献を無視しているかを説明するため、アルミニウム製品会社として現在も世界的大企業であるALCOA（アルミニウム・カンパニー・オブ・アメリカ）社を例に挙げる。

この「唯一の売り手」の基本商品の価格は一九二九年には一八九〇年の約一二％に下がった。物価指数（労働統計局の卸売物価指数）の変動を調整したベースでは、約八・八％だ。生産は三〇トンから一〇万三四〇〇トンに増加した。特許による保護は一九〇九年に切れている。こうした「独占」をコストや利潤の面から批判する場合は、当然、多くの企業が競合していた場合も、これと同レベルのコスト削減方法の開発、生産装置の経済効率化、製品の新たな利用方法の提言、無駄な倒産の回避が実現できていたといえなければならないが、この種の批判では実際にそうしたことが想定されている。つまり、現代資本主義を動かしている推進力が当然視され、横取りされている。*30

競争的市場の想定下では「独占」ばかりが問題となり、アルコアのような大企業のコスト削減技術、生産装置の効率化、新製品開発などの能力は過小評価されている。大企業が生産過程を効率化し、生産をすればするほど生産コストが低下することを「規模の経済」という。シュンペーターは「規模の経済」が資本主義を動かしている原動力の一つと考えた。

今日、資本主義を動かしているものも、やはり完全競争ではなく、独占的企業を形成するような「力」である。経済学者のハル・ヴァリアンと経営学者のカール・シャピロは、シュンペーターの時代から一九七〇年代までの「オールド・エコノミー（旧産業構造）」を「規模の経済」、一九八〇年代以降の「ニュー・エコノミー（新産業構造）」を「ネットワーク経済」と特徴付けた。シュンペーターの時代の経済とニュー・エコノミーとは何が違うのであろうか。

まずシュンペーターが例として挙げていた、オールド・エコノミー代表のアルコアを考えてみよう。先の引用において、アルコアは生産を三〇〇〇倍以上に増やしたが、その間生産物の価格は下がり続けている。本来、オーソドックスな経済学では、生産を増やせば増やすほど、一単位当たり生産にかかる費用は増加すると考えられてきた。なぜなら、生産を多くするということはそれだけ人手もかかり、効率が悪化すると考えられているからである。このような市場のことを「収穫逓減市場」という。

しかし、「規模の経済」においては、沢山生産すればするほど、生産物一単位当たりの生産コストは減少する。これは生産要素の効率的な生産規模が決まっている場合であり、例えばアルコアの場合では、アルミニウム生産を増加させればさせるほど生産効率が上がり、平均生産費は減少する。「規模の経済」の効果が働く産業では、沢山生産している企業ほど利潤が出るので、新規参入業者は生産費の安い大企業と闘わなければならない。よって、こうした産業において、企業は寡占化しやすい傾向がある。

ではニュー・エコノミーはどのような性質を持つのか。ニュー・エコノミーにおいて取引きされる対象とは、映画やゲーム、オペレーションシステム、アプリ等といったコンテンツにおける「情報」が主体となるのだが、この情報の商品としての性質が、富が集中する原因の一部となっている。なぜなら、この「情報」という商品は「規模の経済」がより働きやすい性質を持つからである。情報は、一度公表されると、それが再生産されるには（つまり広まるには）全く費用がかからない。本章の冒頭でも説明したが、例えばソフトウェアを販売する場合、開発費はかかるであろうが、一度作ってしまえば後はそれをひたすらコピーするだけでよい。マイクロソフトのWindowsやスマートフォンのアプリはその典型である。アップルのアプリ購入のためのサイト、AppStoreには無料のアプリが沢山出回っているが、ある程度の開発費で作ったアプリもいったん市場に出してしまえば、平均費用はどんどん低下することになり、規模の経済が働く。よってオールド・エコノミーよりもさらに集中が進み、独占化が進む傾向にある。

このような「情報」の商品としての性質に加え、ニュー・エコノミーを特徴付ける性質として「ネットワークの経済」というものがある。経済は様々な有形無形のネットワークに支配されている。有形のものとしては、通信網や鉄道網、航空網などのネットワークがあり、無形のネットワークとしては人間関係のネットワークがある。例えば携帯電話の使用者数も最初は少人数から始まったと考えられるが、この少数者が大きなネットワークに属しているとすると、携帯電話は自然に、急速に広まっていくだろう。ネットワーク内の利用者が「クリティカル・マス」と呼ばれる、ある一定の割合を超えると、そこを境として商品は爆発的に普及する。これを「ネットワーク効果」と呼ぶ。この効果が働く場合、ネットワークを生かすことのできる強い企業はさらに強く、それができない企業はさらに弱くなってしまい、企業間格差が広がる。

直感としてもICTパラダイムにおける独占企業が多い理由は納得がゆく。皆が同じiPhoneを持ち[*31]、グーグルを使い、アマゾンで買い物ができ、フェイスブックを使ってコミュニケーションをとる方が便利なのは当然である。アップルであれば友人同士、お互いに同じスマートフォン端末を持ち、iPhone専用のAppStoreで同じアプリを購入してリンクさせれば、互いに情報共有しつつ遊ぶことができる。また、通販サイトのアマゾンを多くの人が利用すればするほど、そこに出品したいと思う人は増えるだろうし、結果として品数も増え、消費者も立ち寄りやすくなる。フェイスブックは、ハーバード大学に在籍していた、マーク・ザッカーバーグが開発したソーシャル・メディアであるが、最初は彼のハーバードにおけるネットワークから始まり、高学歴の知識人層に広まっていった。ネットワークを素早くわが物とした者たちが、市場を席巻して独占状態を作り上げてゆく。こうして、「ニュー・エコノミー」は独占を助長するシステムを持っているのである。

3　資本主義の不安定性と社会主義移行論

恐慌と大企業化

一九九〇年代を通じて、ネット関連株のブームが生じ、アメリカはITバブルに沸いた。しかし二〇〇〇年、ITバブルははじけ、さらに二〇〇八年にはリーマンショックの衝撃が世界中を駆け巡った。

『経済発展の理論』や『景気循環論』で分析されていたように、資本主義は好況と不況を繰り返すのであり、ときに大きな調整が生じることがある。こうした不況の大きなものは「恐慌」と呼ばれる。

マルクスは大量の失業者を生じる「恐慌」の原因が、資本主義自体の問題であると考えた。資本家は利潤を得ようという動機から常に生産拡大を図り、労働者の労働時間の延長を図るが、資本家による搾取により、労働者の平均的所得は低くならざるを得ない。よって消費したいという欲求があったとしても、全体としての消費はそれほど増加しない。所得が低く買いたいものが買えない労働者ばかりなので、需要が足りず過剰生産に陥る。生産力はだぶつき労働者は解雇され、失業状態にはあるが、いつでも搾取の対象としての労働者と成り得る「産業予備軍」に入る。つまり、資本家が必要なときに使える労働者となるのである。このように、労働者が構造的に貧窮化する傾向があると主張する議論を、労働者の「窮乏化」論と呼ぶ。[*32] 労働者は好景気が来たとき、労働力として再び雇用されるかもしれないが、生産過剰が続く状況では、労働力はだぶつき、失業が増加する。

生産過剰と需要過少という傾向こそが、経済に大規模なカタストロフィーを生じる原因であるとマルクスは説く。自由主義経済は無秩序で、監督官のいない「無政府主義的」な経済なので、資本家は自己の利潤の最大化を目指してしまう。私有財産制を廃止して生産手段を国有化し、計画的に生産することによって矛盾は解消されるであろう。これがマルクスの考え方であった。[*33]

しかしマルクスの死後、社会主義者の間でもマルクスの考察に修正を加え、穏健に資本主義の問題を指摘して社会的な政策を導こうという考えが広まっていった。それが「修正主義」である。ドイツやオーストリアの社会民主党は革命のような過激な方法ではなく、法的な手続きによる漸進的な社会主義化を主張し、生産手段の国有化と生産過程の計画化を達成するか、もしくは社会的福祉の増進のための社会立法を求めるなど、より現実的な道を選んだ。

修正論者のE・ベルンシュタインは、資本主義の発展がマルクスの『資本論』や『共産党宣言』で議論された予測通りにはなっていないとして、社会主義運動の修正を求めた。彼はプロレタリアートに富裕層が出始めていること、資本が集中して大企業化する部門ばかりではなく、中小企業などが存続する部門も数多いこと、そして「世界市場の拡大、通信交通手段の発達、ヨーロッパ諸国の富の増大、信用制度の弾力性やカルテル組織などが、部分的攪乱が一般的商況に及ぼす反作用を大いに減少させ、恐慌に対する近代経済の適応性を高めた」[*34]ことを指摘する。

シュンペーターもまた、大企業の役割に関してはベルンシュタインに近い立場をとった。[*35]彼は一貫して、経済分析において、資本家と労働者の対立という構図から見ることを否定し、独占や寡占にも肯定的な立場をとった。一九二七年の彼の論文『資本主義の不安定性』の中の一文を見てみよう。彼は「トラスト化された資本主義」に対して肯定的な評価を下している。

どのような場合にも、失敗は危険ではなくなり、当然、専門家のアドバイスにしたがって、実行される傾向があるので、それはほとんど摩擦を生じない。需要を指向した慎重な政策と投資を考慮した長期的な視野を持つことが、可能となる。信用創造はなおも役割を担っているにもかかわらず、蓄積された準備金と貨幣市場にたいする直接的アクセスによって、トラストの生活の中でのこの要素の重要性は減少してゆく傾向にある。[*36]

大企業は専門家の合理的計算の下で計画的に生産を行い、不確実性が少ない状態で戦略を立てることができる。また、信用創造によって形成される景気循環は、企業の内部留保の利用によって徐々に減少してゆくであろう。企業者による不確定な新結合と、それに引き続く旧企業の淘汰、信用創造による物価の変化などといった不安定な要素は徐々に姿を消す。よってシュンペーターは「資本主義システムに内在した不安定性の基本的な原因が、時の経過とともに重要性を失ってきており、おそらく消滅」[*37]すると予測した。

ベルンシュタインもシュンペーターも、大企業化が経済を安定化させるかもしれないと考えていた。大企業には優れた専門家がいて、彼らが合理的に不確実性を取り払うことで、資本主義の不安定性を緩和する役割を果たすと期待したのである。しかし一九二九年、こうした楽観論が消し飛ぶような経済史的な大事件が生じる。

大恐慌と資本主義の未来

一九二〇年代後半から、アメリカは空前の好景気に沸いていた。一九二四年末から一九二八年の始まりにかけて、ダウ・ジョーンズ工業平均株価は二倍にまで膨らみ、さらに一九二八年末までにはそこから五〇パーセントも株価は上昇した。一九二八年末、民主党全国委員会の委員長であったジョン・J・ラスコブは、『レディィズ・ホームジャーナル』誌において、「誰もが裕福になるべきだ」と書いた。[*38]この言葉は、当時の人々の熱狂ぶり、強気ぶりをよく表現している。この時代、大衆の社会・文化・芸術は絶頂にあり、「狂乱の二〇年代（Roaring Twenties）」と表現された。古き良き伝統的な価値観や倫理観は変容した。映画やラジオなどが新たな娯楽として登場し、庶民はジャズをラジオで聞くことができるようになった。[*39] 以前は自然回帰的な、植物のような流線型を特徴とするアール・ヌーヴォーが流行っていたが、一九二〇年代は科学の時代にふさわしい、機能的・実用的デザインの近代的なアール・デコ調が流行った。郊外には住宅地が広がり、郊外型の大規模店舗が出現し始める。そして、一九〇八年に生産が開始されたT型フォードは大量生産システムを実現し、一九二七年までには世界中で一五〇〇万台を売った。[*40] Tフォードの成功は、自動車が一般家庭にもたらされるきっかけを作った。中産階級が増加し、一般家庭における大衆消費文化とともに、大量生産方式という新たな生産形態による好循環が形成されつつあった。新たなパラダイムに経済が適応しつつあったのである。これはシュンペーターの考えていた「経済発展」そのものであったが、それは基本的に大企業が主体となったものであった。

アメリカの新しい風は二〇年代半ばまでにヨーロッパにも広がり、文化経済に大きな影響を与えた。しかし、アメリカが好景気に沸く一方で、一九一八年まで第一次世界大戦の戦禍に悩み、その後も後遺症に苦しめられてきたヨーロッパの経済は不安定さを増し、各国経済のかじ取りは難しく、結果として社会主義化の機運が高まっていた。しかし、資本主義の新たな旗手として隆盛を誇っていたアメリカにおいても、一九二九年を境に状況は一転する。ウォール街発の〝大恐慌〟が生じたのである。

一九二九年、ウォール街における株式市場の大暴落を受けて世界的な恐慌が発生する。始まりは一〇月二四日の木曜日であり、暗黒の木曜日（Black Thursday）と呼ばれることとなった。株価の大暴落から始まり、銀行や企業の大量倒産、それに伴う失業が発生する。大企業ですら次々と倒産し、一九三三年にはアメリカの失業率は二五パーセント、GDPは一九二九年の七〇パーセント程度にまで落ち込んだ。好景気が続き経済発展を謳歌している間は、人々はこれが「進歩」であると錯覚しがちである。しかし、いったん景気が急転して状況が悪化すると、人々は急にこれまでの経済的成功を疑い始めるようになる。

シュンペーターのマルクス、ケインズ批判

大恐慌を機に、米国においてさえも限定的ではあったがマルクス主義が勢いを取り戻した。大規模な失業を伴う大恐慌はマルクスの預言通りと受け取られたのである。シュンペーターの弟子の中にもマルクス経済への転向者が現れた。

経済学者らは恐慌のメカニズムの解明や対処に乗り出した。かねてから自由放任主義に異を唱えていた英国のジョン・メイナード・ケインズは一九三六年『雇用・利子および貨幣の一般理論』を著して財政出動などによる政府の積極的な介入を支持する理論を発表した。ケインズは、投資機会が減少し続けるため需要が減少し、政府が需要を喚起しなければ失業者を救えないと説く。この『一般理論』は、戦後数十年にわたって経済政策の基礎となった。シュンペーターも一九三九年に出版された『景気循環論』において「大恐慌」の分析を行っている。しかし、彼は「大恐慌」の原因を、長期波動であるコンドラチェフ波を含む、複数の景気循環の底の偶然の一致に求めた。*41 しかし、こうした議論は専門家にも大衆にも受け入れられなかった。彼はこの本の執筆に長い年月と膨大なエネルギーを注いだのだが、人々は経済の科学的な分析よりもケインズが提言する「政策」のような、「処方箋」の方を欲していた

のである。

不人気に終わった『景気循環論』の執筆の後、シュンペーターは「気晴らし」に別の本の執筆にとりかかった。[*42] それが一九四二年に公表された『資本主義・社会主義・民主主義』(以下『資社民』)である。同書は『景気循環論』よりも注目を集め、成功を収めたのだが、シュンペーターの真意について憶測を呼ぶ本となった。資本主義を信奉していたかに見えた彼が、資本主義の終焉と社会主義への移行を予測したのである。

同書において、シュンペーターはまず、マルクスの「窮乏化論」を否定する。マルクスによると「富裕層はより豊かに、貧困層はより貧しく」なるというが、シュンペーターによると、国民所得に対する賃金率や所得構成のピラミッドは長期にわたって安定しており、マルクスの予測は当たっていない。経済発展は商品を安く提供し、実質賃金を上昇させることによって、労働者の生活を向上させた。

またシュンペーターはケインズ派の「長期停滞論」や「投資機会の消滅」に対しても批判する。米国の大恐慌の推移を注視しながら『雇用・利子および貨幣の一般理論』を執筆したケインズによると、大恐慌により消費が落ち込んだ米国では長期にわたり、金利の低下が続いた。[*43] 古典派経済学の学説では、金利が低下すると貨幣需要が活発化し、投資が促されるはずである。なぜなら、金利が低いということは安く資金を調達して、事業の拡大や新投資計画へと振り分けることができるからだ。しかし現実には、利子が低下しても将来の企業の利回りに対する期待が悪ければ、投資は活発にはならない。資本投資の低下と、さらには総需要も低下し、景気の停滞は長期にわたるであろう。これを「長期停滞論」という。

ケインズは資本が蓄積されるに従い、利潤の出る投資プロジェクトが見つかりにくくなり、投資するごとに資本の限界効率（収益率）が低下することを予測し、投資の機会が失われてゆくことを指摘した。しかしシュンペーターは「投資機会の消滅」に対して次のように反論する。

所与の欲望や技術（可能な限り広い意味での技術）の水準について、固定・流動資本が特定の量に達すれば、当然、飽和状態となる（具体的な量は実質賃金の水準によって異なる）。人々の欲望や生産手段が一八〇〇年の状態で凍結されていれば、ずっと以前にそのような飽和点に達していたはずだ。人々の欲望がある日完全に満たされ、その後永遠に凍り付いてしまうということは考えられないのであろうか？　…今後四〇年の動きを予測する上では、そうした可能性を排除しても構わないだろう。*44

シュンペーターによると、新しい欲望が次々と現れるのであれば、新しい商品や事業といった投資先が無くなることはなく、欲望の飽和は未だ先のことであろう。少なくとも「ある特定の欲求が満たされた場合も、やはり別の投資機会を生み出す欲求が間違いなく生まれ*45」る。人類の欲望が完全に満たされるような需要の飽和点は遠い未来にあり、「生活水準の向上で欲望が自動的に膨らみ、新しい欲望が生まれたり、生み出されていくことを考えれば、飽和点は逃げ水のように逃げて」ゆく。*46

またシュンペーターは、アメリカ・ケインジアンのアルヴィン・ハンセンが唱えた、「技術的機会の枯渇」説に対しても否定的に、以下のように論じる。。当時「発電所、電器産業、電化農場、自動車を生み出した進取の精神に陰りが」見られ、「この先これに匹敵する大きなチャンスがどこから生まれるのか想像さえつかない」[*47]状況であったのだが、シュンペーターは化学産業や、電気技術の応用、大衆向けの現代住宅の生産などの分野において、長期の投資機会が得られる可能性の方を強調する。技術的な可能性というものは、海図に乗っていない海と等しい（Technological possibilities are anuncharted sea）[*48]のであり、どの技術にどのような可能性があるかははっきりとはわからない。よって、「私たちがこれまで目にしてきたどの技術よりも、神のひざ元にある未知の技術の方が多少なりとも生産性が高い可能性は残されて」いる[*49]かもしれない。

シュンペーターによると、仮に社会主義へ移行するならば、その条件は資本主義が隆盛を極めて「放蕩を尽くし」[*50]て、消費者の消費意欲と投資の飽和を引き起こし、さらに技術的な可能性もすべて使い果たして役割を終える事が必要条件である。この時まで徐々に国家の役割は増大しており、放蕩を尽くした産業を国有化する事によって、社会主義への移行が可能となる。しかしシュンペーター自身も認めている通り、現実の問題として、技術的な可能性は無限大に存在し、また消費者の欲望も未だ飽和するまでには至っていない。

シュンペーターの社会主義移行論

仮に資本主義における消費者が新しいものに飽き、さらに技術的な可能性がすべて使い果たされたなら、という非常に強い条件の下に、シュンペーターは社会主義計画経済に移行する可能性を以下のように論じた。すなわち、これらの条件の下に、産業の独占化、トラスト化がますます進行すると、企業の組織化・官僚化の下、合理的判断の領域が増え、不確実性の下で新結合を行っていた企業者機能が衰退する。結果として、資本主義のエンジンたる企業者機能の減退により、経済発展は生じなくなる。進歩は自動的に行われるようになり、資本主義を特徴付けたロマンのようなものは色あせてゆく。

完璧な官僚機構と化した巨大な産業装置が、中小企業を駆逐し、オーナーからの「収奪」を進めるばかりか、いずれは企業家をも駆逐し、ブルジョワ階級からの収奪を進めることになる。その過程でブルジョワ階級は所得のみならず、所得よりも遥かに重要な自らの役割も失うことになる。社会主義の音頭を取っていたのは、社会主義を説く知識人でも活動家でもなく、バンダービルト、カーネギー、ロックフェラー家だった。[*51]

こうして資本主義の企業は、その功績によって自らの存在を不要にし、自滅するのである。もとは企業者から成り上がった合理主義的なブルジョワ階級は、一九世紀を通じて、その保護階級であった国王や法王、貴族階級の権威を失墜させ、また資本主義を下支えする「所有」や「契約の自由」のような制度を破壊した。彼らの「合理性」は経済的な成功を根拠としており、結果として、それ以前の権威を否定した。企業の所有権は、執行取締役や大株主、その他の多数の株主によって「共同」で「所有」されるようになり、また独占化が労働契約等における選択の自由を狭め、「契約の自由」が名目上のものとなった。こうして次々と自分の防壁を破壊し、無防備となった資本主義は、本来考慮されるべき資本主義の成果に関心のない人々から批判を浴びせられる。

ブルジョワジーによって保護され、資本主義の制度を支えるはずの知識人層は、資本主義を批判するようになる。彼らは累進課税や財政政策などを支持するようになり、国家が徐々に私的な（民間）領域に入り込むことを許す。高等教育の充実はホワイトカラーの増加をもたらすが、知識人層であるこの層の失業は、社会運動につながりやすい。こうして資本主義を支持する基盤を次々と失い、資本主義は漸進的に社会主義に移行する。

シュンペーターの社会主義移行論を象徴する討論がある。彼の弟子、ポール・スウィージーは機知に溢れる魅力的な研究者であったが、大恐慌の後、マルクス主義に転向した。大恐慌のショックから未だ立ち直っていなかった当時、シュンペーターとスウィージーは討論会において資本主義に対し異なる評価を下した。その二人の評価の違いを見てみよう。討論の司会を担当したワシリー・レオンチェフは二人の論点を要約し、次のように表現した。

資本主義は病人となっている。その運命はどうなるのであろうか。二人の討論者は、この病人が死に向かいつつあるのは当然と見る点で意見の一致をみている。しかし両者の診断の根拠はいささか異なる。

スウィージーは、マルクスとレーニンの分析を利用して、この病人は悪性のガンにかかって死んでゆくと論じる。いかなる手術も役に立たず、終局はすでに定まっている。

一方のシュンペーターは、病人が死んでゆくことを、むしろ陽気な感じで認めている（彼の恋人〔古い資本主義〕は、すでに一九一四年に死んでおり、涙はずっと前に涸れ果てている）。だがシュムペーターにとっては、病人は精神身体症によって死に至る。ガンではなく、ノイローゼがこの病気なのである。病人は自己嫌悪のかたまりとなり、生きてゆく意思を失う。
　この見方では、資本主義は好ましからざる制度とされている。そして、好ましくないことは好まれないであろう。ポール・スウィージー自身は、この制度の運命を決定づけるであろう例の疎外を信じている。*52

　引用中の「例の疎外」とは、もともと自由な人間の生産活動の結果としての生産物が人間にとって疎遠なものとなり、逆にそれに支配されてしまう状態をいう。資本主義以前の人間は、自分の欲しいものを必要な分だけ生産しており、問題は生じなかった。しかし、大量生産システムは商品の価格を下げるが、同時に労働の価値をも下げてしまい、このプロセスは労働者が餓死するまでの窮乏を引き起こす。スウィージーは大恐慌下における失業した労働者に資本主義の矛盾を見た。他方でシュンペーターは、恐慌が資本主義における調整メカニズムの一環であり、資本主義自体の回復能力は衰えていないと考えていた。彼はむしろ、スウィージーのような聡明な若者でさえ資本主義を嫌うのだから、資本主義はいずれその意義を問われ、否定されることになるだろうと考えた。マルクスが生産関係という「下部構造」の矛盾からカタストロフィーが生じるとしたのに対し、シュンペーターはいわば、政治的関係や社会的意識を表す「上部構造」からの干渉によって資本主義が崩壊すると予測したのである。

4　資本主義は生きのびることができるか

ICTパラダイムの問題

『資社民』におけるシュンペーターの議論は各所に興味深い分析を含んではいるのだが、現代の米国をはじめとする資本主義市場経済が社会主義へと移行することは今のところ無さそうだ。ICTパラダイムの出現と、スティーブ・ジョブズやビル・ゲイツ、ジェフ・ベゾスをはじめとする企業者の活躍、そしてITバブルの崩壊、リーマンショックなどを見ていると、企業者の役割はまだまだ衰えず、景気循環の波は依然として続いている。長期的な観点から見たとしても、『資社民』における社会主義への移行という予測は少々極端であったようにも思える。

しかし近年、ICTパラダイムにおける大企業化・独占化は深刻な問題となっている。また、ITバブルやリーマンショックの後、所得格差はさらに拡大しているという報告もある。一時もてはやされた新自由主義的な風潮は影を潜め、世界は再び資本主義というシステムに懐疑的になっているようだ。オールド・エコノミーよりも独占化の傾向が強いICTパラダイムにおいて長期的に格差が広がり、さらに、AIの活用や生産のオートメーション化によって失業者の増加と商品価格の下落が同時に起こった場合、マルクスの「窮乏化」論が再燃するかもしれない。

ICTパラダイムにおいて見られる諸傾向がどのような結果をもたらすのか、資本主義が現在、どのような状況にあるのかをよく把握すべきである。現在進行中の様々な問題が、自己嫌悪からくるノイローゼなのか、それとも本当に癌を患っているのかを見極めなければならない。現在生じている問題を整理してみよう。

まず、ＩＣＴパラダイムでは独占が生じやすいという問題がある。規模の経済やネットワーク外部性の効果が働きやすいからだ。しかし、この問題は、シュンペーターが考える「トラスト化した資本主義」の時代、すなわち二〇世紀の初めにはすでに始まっているのであり、特にこのパラダイムに特有の症状というわけではない。ただし、前パラダイムに比べ、独占化のスピードは速くなり、大規模になった。冒頭でも述べたが「情報」の独占化は、大きな問題とされている。

さらにＩＣＴパラダイムにおいて問題となっているのは、単にオールド・エコノミーにおける大量生産パラダイムのように機械が物理的な作業を行い、肉体労働者を代替するというだけではなく、ＡＩが頭脳労働をも行い得るようになったことだ。これにより、機械はホワイトカラーの仕事をも代替するようになった。そこで問題となるのが、この傾向が雇用を維持しながらも、労働者の負担や労働時間を軽減するように働くのか、それとも雇用そのものを減らすのか、ということである。

ＩＣＴパラダイムの失業問題

近年、ニュースを賑わせている話題がある。ＡＩがオフィスワークを代替することにより、数十年後、現在人間が行っている仕事のうち、どれほどＡＩに置き換わっているか、という話題である。二〇一三年、オックスフォード大学のカール・ベネディクト・フレイと、マイケル・Ａ・オズボーンは、今後二〇年以内に米国の労働人口の四七パーセントが機械に置き換えられる可能性が、七〇パーセント以上あるというショッキングな推計を出した。この研究結果に日本のメディアは過剰に反応した。テレビやネットニュースはこぞってこの問題を取り上げ、野村総研も二〇一五年、フレイとオズボーンが使った同じ手法により、今後一五年のうちに、四九パーセントの仕事が消失するだろうと予測した。二〇三〇年には、ほぼ半分の仕事が機械に置き換わるというのだ。

日本の銀行業界は近年、単純業務に対して人工知能ＲＰＡ（Robot Process Automation）を導入しつつあるという。ＲＰＡとはオフィスにおける人間が行ってきた高度な業務をＡＩによって代行するシステムである。みずほフィナンシャルグループは二〇一九年の一般職採用を七割減らすことを発表し、メガバンク各社は今後数万人規模のリストラをすることを公表した。*53 これは、ある程度高度なスキルが必要な仕事であっても、ルーティンワークである限りＡＩなどの機械が仕事を代替する可能性がある、ということを示すものとなった。ＡＩの脅威は想像以上に近づいているかもしれない。

モノをセンサーとネットワークでつなぐＩｏＴ（Internet of Things）の発達もまた、人員が機械に代替されてしまうという懸念材料の一つとなっている。近年インダストリー４・０という言葉が注目を集めているが、これはもともと、ドイツの国策から始まったものである。ドイツ政府は二〇一一年の一一月、インダストリー４・０という計画案を採択し、二〇一三年、政府や民間企業、そして大学との連携の下に、工場を中心とする生産現場をＩｏＴの先端技術によりスマート化する提言書を公表した。「４・０」とは、蒸気機関による動力革命の第一次産業革命、電気や通信、化学産業、大量生産が始まった第二次産業革命、産業用ロボットの導入、コンピューター化が進んだ第三次産業革命の次の、「第四次産業革命」を表す。インダストリー４・０では、ＩｏＴにより、生産や流通を最適なレベルにまで効率化するという目標が掲げられている。[*54] 生産現場の機械にセンサーやICタグを装備することにより、モノ同士、機械同士（Machine to Machine）をネットワークで結び、AIがプロセスを管理することによって、最適生産を実現しようという試みである。試算では、その経済効果は二〇二五年までに、ドイツ国内で十一兆円、経済成長率にすると一・七パーセント押し上げると予想された。[*55] しかし他方で、スマート化により工場の「無人化」が進み、雇用が不安定化するのではないかとも懸念されている。

また、アマゾンのようにネット上にプラットフォームを持つICT企業がネットワークの力を生かし、小売りから流通までをも含む他業種を編入して効率化しつつある。ウォルマートを除く小売業がここ一〇年余りのうちに株価を下落させているのに対し、アマゾンの株価は二〇倍に増加した。小売業や流通業におけるアマゾンの台頭が、これらの業種から大規模に需要と雇用を奪うのではないかという懸念が近年取りざたされている。

特に、雇用に関しての懸念は深刻である。アマゾンは二〇一八年の一月、無人のコンビニエンスストア、Amazon Go をシアトルに出店した。Amazon Go では、カートに入れた品物がAIにより自動的に識別され、アプリ登録したスマートフォンから料金が支払われるシステムが導入されている。レジ係がおらず、無駄な待ち時間が無いこのシステムには他の小売り業者も反応し、自店舗の精算プロセスを見直す動きが始まっているという。この動きが加速するならば、米国でレジ係として雇われている三四〇万人の雇用を脅かすことになるかもしれない。[*56] これはアメリカに限ったことではなく、日本でも、ユニクロが同様の無人レジを試験的に導入している。またアマゾンは自社製品を保管する倉庫の無人化も進めている。自宅で簡単に注文ができ、家まですぐに届けてくれるeコマースや、効率性の高い無人店舗などは、今後も成長すると見込まれている。

さらにアマゾンは自社の商品の流通を効率化するため二〇一五年、自社ブランドのトラックを数千台規模で購入することを発表し、二〇一六年末には輸送トラックの配車をするアプリの開発を発表した。そして現在、自動運転車の技術を開発中であるという。アマゾンによるとAIによる自動化・効率化によって、一五パーセントほどの中間業者の手数料を省くことができるという。アマゾンの戦略は今後も実店舗を持つ小売りや流通業にとって大きな脅威となるだろう。

AIやICT技術における現場の効率化、そしてICT企業の独占化は、大量の失業を生み出すかもしれない。大量の失業は過少消費につながるであろう。資本主義はやはり、その内在的な問題から死に至ることになるのか、それとも、これらの問題も長期波動における景気循環の一プロセスに過ぎないのであろうか。

雇用問題は杞憂か

古典派経済学では新しい発明によって、労働を代替する「労働節約的」な機械が生み出されたとしても、商品の価格低下による生活費の低下や、資本財（機械や原料）の価格低下による新たな投資機会の創出などにより、失業が「相殺（compensation）」されると考える。しかし、アダム・スミスを継いだ古典派経済学者、デイビッド・リカードは、最初は同様の「相殺」説を支持していたが、後に、機械がそもそも持つ「労働節約的」な性質が、確実に雇用を減らすであろうと考えた。そして、リカードの考え方をマルクスも受け継いだ。どちらの立場に立つかによって、この議論は楽観的にも悲観的にも成り得る。

「技術」による失業問題について、シュンペーターは、機械導入による「技術的失業」というよりも、イノベーションによる失業を考慮した議論を行っている。

自動車が馬車にとって代わる場合には、馭者は、どの機械も以後かれの馬を駆るのではないけれども、せまい意味でさえも、技術的に失業するだろうということ、あるいは、帳簿方が計算機の導入のせいで失業しようと、別の合理化的工夫の導入のせいで失業しようと、または、綿花摘労働者が綿摘機械の導入のせいで失業しようと、綿花が標準繊維との競争の結果排除されつつあるために失業しようと、なんのちがいもないということは明らかである。[*57]

単に機械が肉体労働を節約するというのは正確ではない。新産業が登場することにより新技術や新産業が古い産業の労働を「無意味化」し、旧産業の労働の重要性が著しく低下させることにより、旧産業に就業していた者は徐々に職が奪われる。しかし同時に、経済発展は新たな雇用を生じる。彼によると「発展過程は、その創造するすべての循環的失業――技術的およびその他の――を吸収するような仕方ではたらくことを意味して」いる。[*58] イノベーションは古い産業に失業をもたらすと同時に、新しい産業において、新たな雇用も創出する。従って「失業問題」とは、大きな景気循環の中に見られる、発展から発展への移行の際の「一時的問題[*59]」である、ということになる。

実際にどれだけの労働者が代替され、失業するか、またどれだけの雇用が創出されるかは、各要素間の相互関係や、それぞれの要因の強弱にかかっている。安易にＡＩやＩｏＴ化が失業を生じるとか、イノベーションで豊かになるというようにマクロ経済的に断じるよりも、個別のケースを一つ一つ検討するべきである。

現段階においてAIやIoT化が直ちに失業を増大させるか否かを考えてみよう。議論を限定するために、野村総研のレポートが示す「二〇三〇年までに、日本で四九パーセントの仕事が消失する」という議論について検討する。

まずはIoTやAIが失業を増加させる可能性について。これを最初に議論したフレイとオズボーンも認めているが、彼らの手法による結果は、特殊な条件下でのみ実現する過剰な数値である。例えば、あるタスク（作業）を機械が代替しうるかどうかの判断についてはAI技術研究者の主観に基づいて判断されている。またこの研究は、機械のコストについては考慮に入れておらず、あくまで潜在的な代替可能性を論じている。これは同じ手法を使った野村総研のレポートについても言えることである。

しかし他の研究機関においても、やはり九パーセント前後の仕事が機械に代替されると予測されている。実際、AIの技術はどれほど我々の仕事を奪い、今後日本においてどれほどの失業者が発生するのだろうか。[*60]

AIはすでに、銀行業務のような、高スキルであってもルーティン化されるような「タスク（作業）」を代替しつつある。しかし本来、多くの企業は一人の従業員に対し様々なタスクを課す。その中には非・ルーティン作業や複雑な物理作業を伴うような、人間にしか行い得ない作業も少なく無い。現段階の技術では、創造性や対人能力を必要とするタスクはAIでは補い切れず、よって企画や営業等のタスクはまだまだ人間が行わなければならない。また、AIが仮に進歩したとしても、手足に相当する物理的機械（メカトロニクス）の技術的進歩が未だ十分とは言えず、多少複雑な物理的作業となると、仮に雑務であるとしても困難となる。こうしたタスクは、どのオフィスにおいても少なからず存在する。機械の導入は、人件費と機械の費用との関係を考慮しつつ行われるので、当然機械の費用がある程度まで低下しないと導入は進まないであろう。

これに関連して、工場のＩｏＴ化による雇用の減少についても、現段階ではそれほど悲観的に反応することは無いという議論は多い。ＡＩ技術の進歩やインダストリー４・０により失業者が出れば、現代のラッダイト運動も生じかねないという不安から、ドイツはいち早くこれに対応し「労働４・０」プロジェクトという、ＩｏＴ実装後の雇用確保政策を取りまとめた。しかし「労働４・０」においても、工場がすべてオートメーション化して無人になることは想定してはいない。インダストリー４・０はそもそも「効率化」した生産体制を目指すものであり、労働４・０は、「企業活動の中核を人間が担う」[*61]という原則を保持することが強調された。日本でも生産工程のＩｏＴ化を請け負う企業が増えてきたが、工場における勘や熟練の技は、未だに機械に代替することは難しく、現実的にはＩｏＴの工場への実装やスマート化には、さらなる時間がかかるだろうと予想される。しばらくは機械と人間の分業が続く可能性の方が高い。

また、日本型雇用慣行の特徴でもある終身雇用制度では、長期的な人材育成が行われており、一人の社員が様々なタスクを行わなければならない。それまでに人的資源に投資してきた企業は、新たな技術のコストがよほど低下しない限り、人員を機械に大胆に置き換えるということはできないであろう。労働経済学者の山本勲によると、バブル期を経た後でも、一度も転職を経験していない者の割合は、大企業や大卒の二五〜三四歳において、五割前後で推移している。日本の雇用慣行は今のところ、ＩＣＴやＡＩへの代替によるホワイトカラーの大量失業を防いでいる。[*62]

さらに日本では、ここ二〇年間で少子化により労働人口は減少し、特定のセクターでは人手不足が続いている。雇用ジャーナリストの海老原嗣生は、二〇一二年から二〇一七年までの五年間で生産年齢人口が五四〇万人減少したのに対し、労働者数は三〇〇万人しか増加していないことを指摘した。よって、彼によると「ＡＩによる業務効率化は、それが極端な雇用破壊を招かない限り、かっこうの人手不足対策として歓迎すべき[*63]」なのである。現状における労働の供給について、事務職に関しては大量の大卒者が控えているのに対し、流通・サービス業では深刻な人手不足が問題になっている。つまり、労働の需給において、大きなミスマッチが生じているのである。海老原は流通・サービス業において、ＡＩとメカトロニクスの融合が労働時間の軽減を可能にするならば、機械の補助を借りて高スキルの労働を行うことができ、低スキル者でも高賃金を達成しうるという、比較的楽観的な予測をする。[*64]

イノベーションによる雇用創出と教育

それでは、ＩＣＴパラダイムの雇用創出効果はどうであろうか。まずはＡＩやＩｏＴのシステムエンジニアやデータサイエンティストの雇用と、新技術による収益の増加を考えてみよう。ＡＩやＩｏＴのエンジニアは未だ数が少ない。二〇一七年、情報処理推進機構が公表した「ＩＴ人材白書２０１７」では、ＡＩやＩｏＴに関するエンジニアを確保できていると答えたＩＴ系の企業は、わずか二パーセントしかいなかった。これに対し、経産省や厚労省がＩｏＴに対応した技術の認定制度を設け、民間による講習を募っている。しかし、こうした技術職は雇用における絶対数が少なく、これ自体が大きな雇用の創出効果を生むとは考えにくい。ただし、ICTを活用する企業が増加するほど、「タスクの脱スキル化やデジタル化を図るための仕事や職場での利活用方法を普及させるための仕事、戦略的に職場で利活用することを企画する仕事など」のように、技術を応用する業種において雇用が創出される可能性は高い。*65

イノベーションの群生化による波及効果を考えてみよう。ICTパラダイムをけん引するGAFAの強みはプラットフォームにある。ユビキタス社会の強力な後押しとなったスマートフォンの出現は、プラットフォームへのアクセスを容易にすることでビジネスの方法を大きく変えた。つい一〇年前までは小規模であった「アプリ」市場は、スマートフォンが世に出たころ、誰もこの市場がこれほど大きくなるとは思っていなかったが、近年急速に成長しつつある。アプリ市場調査を行っているAppAnnieによると、二〇一七年の一〇月時点で、登録済みのアプリがAppStoreで二〇〇万件、グーグルPlayでは三五〇万件を超えたという。また二〇一八年、世界のアプリ市場への支出は前年よりも三〇パーセント増加し、一一〇〇億ドルを超える見通しである。*66

コンピューターを使いやすくしたWindowsや、ネットワークとの接続を身近にしたスマートフォンなど、インターフェイスが向上するにつれ、人間の創造性が生かせる領域も増えた。先端技術に関しても、普通の人が直感的に操作できるレベルまで「機械」のレベルが上がってきている。マシンパワーの向上を背景に、パソコン一つ、スマートフォン一つで「起業」する、という企業者も増えてきている。インターネットやスマートフォンの出現は、創造性や個性を発揮しやすい環境を作った。個人の創造性が既成の概念を「非・連続的」に破壊し、我々の予想を超えるような全く新しい産業を創り出して、雇用を創出するかもしれない。

賃金格差の問題と関連して、今後、働き方自体の意識が変化する可能性はある。例えば、「スマートフォンを使った副業」がその好例であろう。世界的に配車サービスを提供する企業、ウーバー（Uber）はアプリを通じて、タクシーの代わりに一般人が客を目的地まで送り届けるというアルバイトを可能にした。*67 さらにウーバーは、食事のデリバリーを一般人に代行させるという「UberEats」というサービスを開始した。どちらもスマートフォンがあれば、スキマ時間に気軽にアルバイトができる。また、自分の持っている不要なものを、必要とする人に効率的に売ることのできるマーケットを提供するアプリも登場した。スマートフォンは効率的な情報交換を可能にするので、時間の制約を受けずに、これまで見過ごされてきた小さな需給を埋めるようなアルバイトが増えてゆくだろう。

最後に、情報や知識の格差是正を考えてみよう。これまで地理的に先端情報と隔絶されていた地域でも、新しい情報に触れることができるようになる。前章でも触れたが、高校で教えられているような情報は、インターネットがあれば入手できる。また、高い授業料を払って大学に通わなくても、やる気次第では同等の学力をつけることができるかもしれない。ICTパラダイムは様々な人にスキル習得の道を開く。ネットで英会話などは当たり前のように行われており、安いものでは時間で数百円のものまである。スキルの向上は、結果として雇用にも結び付きやすい。さらに、これまで情報が届かなかった地方にいても、最先端の情報に触れることのできる可能性は増えた。よって今後地方においても、収益性の高い先端企業が興る可能性は高まるだろう。しかし他方で、知識的・技術的な格差の解消は、競争がより厳しくなることも示している。ＩＣＴパラダイムは、生まれた家柄や地域、国家による情報の格差を縮小するかもしれないが、結果として、労働者間や企業間、さらには国家間において、より激しい競争を生み出すだろう。

現状の診断

二〇一九年時点での日本の現状を踏まえると、ＡＩやＩｏＴにより、ここ数年のうちに雇用が喪失し、貧困者が街にあふれるようなことは無いと思われる。ＩＣＴ技術は、仕事の場においては長時間労働を短縮し、雇用不足を解消する方向へ動く可能性は高い。働き方の形態も変化するだろう。新しい働き方に抵抗を持たない若者層では、スマートフォン一つで、ノマド的な働き方を選択する者も増えるかもしれない。そして、この技術は何よりも教育に対して新たな手段を提供し、今後、情報や知識の格差を減らすように動くであろう。

しかし、賃金格差の問題は長引く可能性が高い。特に、正規雇用と非正規雇用における賃金格差や、非正規雇用者が就労する際の不安定性は、今後も続くだろう。現在の格差の原因がＩＣＴパラダイムだけにあるとは言い切れないが、このパラダイムが格差を生じやすい構造になっているのは、本章でも述べた通りである。高所得者層は低所得者層よりも所得に占める消費の割合は低い。よって低所得者層が増加し、わずかな高所得者層が消費に積極的でなければ、全体の消費は落ち込むであろう。

総務省が公表している『情報経済白書』は、ＩｏＴ開発と企業改革が同時に進行して、さらに十分な消費があれば、二〇三〇年までに経済成長率は二・四パーセントを達成するという、楽観的な数字を挙げた。しかし、すでに述べた通り、IoTが普及するためには、人間に近い動作のできるメカトロニクスの同時開発が必要であり、またそのコストが十分、労働力と代替可能なまでに下がらなければならない。よって、その実装までには相当な時間がかかることが予想される。さらに、人口減少に加え、現行の所得格差が拡大すれば、将来不安から、個人消費が十分に増加するとは考えにくい。

また二〇三〇年以後、AIやIoT技術がさらなる飛躍を遂げ、人間に近いタスクをこなせるようになるとするならば、雇用は脅かされ、新しい再分配政策が必要になってくる可能性は高い。しかし、「機械が大量失業を生じる」という預言は、産業革命以後、繰り返しなされているものであることを忘れてはならない。そして資本主義は何度も、大きな危機を乗り越えてきた経験を持つ。

本節の所見から日本経済の現状を考えると、現段階では初期の腫瘍が見つかり、良性か悪性かはまだ診断できない。しかし、これを思い悩んでノイローゼになるとか、これが全身に転移しないように資本主義のシステム自体に抜本的なメスを入れる段階ではなく、症状と経過を注意深く観察する時期であると考えるべきである。特に格差の問題については、既存の社会保障制度を超えた、何らかの対策が今後必要となるかもしれない。しかし、現状を注視しつつも、この腫瘍の性質を良く見極め、この病が実際に悪化する可能性があるのかどうかを良く議論しておくべきであろう。

スマートフォンは誰を豊かにしたのか?

iPhoneの開発は低迷したアップル社を巨額の企業者利潤によって救い、さらに同社を世界一の大企業にまで成長させた。また、アップルに投資をした者たちやスマートフォン産業の関連企業群、そして追随するサムソンやファーウェイなどの企業もまた、スマートフォンによって豊かになった。マッキントッシュやiMac、そしてiPhoneを開発したスティーブ・ジョブズは、時代を象徴するこれらの製品を市場に投入することにより、ICTパラダイムのアイコン（偶像）となった。

他方でスマートフォンは我々の生活も豊かに、便利にした。誰もがスマートフォンを持つようになり、買い物や旅行、通信や娯楽の方法は様変わりし、さらに仕事の方法も多様化した。ICTパラダイムの企業群は、より便利な商品を次々と提案しており、これらは消費者の利便性を向上させ、生活において、可能なことを増やした。また、スマートフォンやICT技術は、我々の生産性を向上させ、自由な労働形態をもたらし、労働時間の短縮をも可能にするかもしれない。スマートフォンは、関わった産業と資本家、そして消費者を豊かにしたのだ。

戦後を通じて資本主義は、その成果である大量の消費財の出現と、その果実を利用した再分配政策とによって、労働者を「窮乏化」させてしまうことなく労働者の生活を便利に、豊かにする方向に経済を導いた。しかし同時に、スマートフォン産業を成立させた「ICTパラダイム」は、その特質ゆえに急速に経済的格差を拡大させている。ネットワーク外部性や技術革新を通じ、ICTパラダイムは一部の企業や資本家に莫大な富をもたらしたが、今後、現行の大企業が市場を席巻し続けることになれば、再分配システムが追い付かずに、資本主義はますます自身への敵意を増すか、もしくはマルクスの考える「窮乏化」が本当に進み、自壊の憂き目を見るかもしれない。AIやIoTが即座に我々の仕事を奪い、失業者が街に溢れるという想像をするのはまだ性急ではあるが、このパラダイムが今後どのような進路をとるのかを注視しなければならないだろう。

ただし、我々はシュンペーターの『経済発展の理論』の持つ含意を忘れるべきではない。当時は隆盛を誇っていた戦後の巨大企業も、現在のＩＣＴパラダイムの企業群の後塵を拝しているのだ。今後、ＧＡＦＡが安泰であるとも限らず、思わぬイノベーションが起きて市場が一変することもありうる。なぜなら企業者を主体とする資本主義は、今でも強力な社会経済システムだからである。

＊1 Trump Says Google, Facebook, Amazon, May Be 'Antitrust Situation', Bloomberg, 2018年8月31日, John Micklethwait, Margaret Talev, and Jennifer Jacobs.（https://www.bloomberg.com/news/articles/2018-08-30/google-under-fire-again-on-search-as-hatch-calls-for-ftc-probe）二〇一八年一二月一七日確認

＊2 公正取引委員会『デジタル・プラットフォーマーを巡る取引環境整備に関する中間論点整理』公正取引委員会、平成三〇年一二月一二日「デジタル・プラットフォーマーを巡る取引環境整備に関する検討会」中間論点整理について（https://www.jftc.go.jp/houdou/pressrelease/h30/dec/181212_1.html）二〇一八年一二月一七日確認

＊3 「ＧＡＦＡのデータ独占に公取委がメス！　本気の実態解明へ」DIAMOND ONLINE, 二〇一九年三月二二日、（http://diamond.jp/articles/197645?page=2）二〇一八年一二月一七日確認

＊4 「アップルの「一強ぶり」鮮明、世界のスマホ利益の86％を独占」フォーブスジャパン、二〇一八年四月一九日、（http://forbesjapan.com/articles/detail/20710）二〇一八年一二月一七日確認

＊5 梅田望夫、『シリコンバレー精神』、一五八－一六〇ページ

＊6 公正取引委員会『デジタル・プラットフォーマーを巡る取引環境整備に関する中間論点整理』、二ページ

＊7 『シリコンバレー精神』、八七－八九ページ。梅田は同書の執筆年（二〇〇六年）、シリコンバレーでベンチャーキャピタル会社を営んでいた。

＊8 ロバート・オウエン、『オウエン自伝』、二一二ページ

＊9 一八三三年に定められた最初の工場法において、ようやく九歳未満の児童の労働が禁じられ、九歳から一八歳までの労働者の最大労働時間が週六九時間以内とされた。

＊10 ジェリー・Ｚ・ミュラー、『資本主義の思想史』、二一三ペ

ージ

＊11 マルクス、『資本論』、四、一二二二ページ

＊12 ジョセフ・アロイス・シュンペーター、「人種的に同質である環境内の社会諸階級」、『帝国主義と社会階級』、二四九ページ

＊13 ジョセフ・アロイス・シュンペーター、「企業家の機能と労働者の利害」、『資本主義は生きのびるか』、一〇四ページ。シドニー・チャップマンの研究は、シュンペーターが労働者の地位の流動性を強調するときによく使う例である。他にも「人種的に同質である環境内の社会諸階級」や『資本主義・社会主義・民主主義』においても、マルクスを批判する際に用いている。

＊14 高木利弘、『ジョブズ伝説』、三七ページ．

＊15 池上彰、『世界を動かす巨人たち』、一二七―一四七ページ

＊16 『シリコンバレー精神』、三四―三五ページ

＊17 Mary O' Sullivan, 'Finance and Innovation', in *The Oxford Handbook of Innovation*Chap9, pp. 251-252.

＊18 宮田由紀夫、『アメリカのイノベーション政策』、三五―三六ページ

＊19 『シリコンバレー精神』、六六ページ．

＊20 「人種的に同質である環境内の社会諸所階級」、『帝国主義と社会階級』、二四九ページ

＊21 「企業家の機能と労働者の利害」、『資本主義は生きのびるか』、一〇七ページ

＊22 ネオ・シュンペータリアンはシュンペーターの初期の想定である、中小企業の企業者によるイノベーション理論を「シュンペーター・ＭａｒｋⅠ」、後期に主張された、大企業による組織的イノベーション理論を「シュンペーター・ＭａｒｋⅡ」として分け、どちらが効率的にイノベーションを起こせるかを研究した。この研究によると、産業の初期の段階は不確実性が高く、新興企業が参入する敷居が低いため、中小企業でも有利であるが、産業の成熟につれ、勝ち残った企業が独占化し、規模の経済が働くようになるという傾向があるようだ。ＩＣＴパラダイムでは規模の経済のみならずネットワーク効果が働くため、独占化のスピードは速い。

＊23 ジョセフ・アロイス・シュンペーター、「企業者」、『企業家とは何か』、二四ページ

＊24 「企業者」、『企業家とは何か』、四二ページ

＊25 ジョセフ・アロイス・シュンペーター、「今日の国民経済における企業家」、『企業家とは何か』七五―七六ページ

＊26 「今日の国民経済における企業家」、『企業家とは何か』、七七ページ

＊27 鈴木良始、「アメリカにおける工業研究（研究開発）の成立――デュポン、ＧＥ、ＡＴ＆Ｔを中心にして―（2）」、『経済学研究』、第三二巻第二号、一九七―一九八ページ

*28 「今日の国民経済における企業家」、『企業者』、七六ページ

*29 ジョセフ・アロイス・シュンペーター、『資本主義・社会主義。民主主義』、I、二四〇ページ

*30 『資本主義・社会主義。民主主義』、I、二四五ページ、脚注

*31 ただし、近年のiPhoneの市場シェア自体はそれほど高くはない。端末の高価格もあって、二〇一八年八月のスマホ端末の世界市場シェアは、サムソンが二〇・九パーセント、ファーウェイが一五・八パーセント、アップルが一二・一パーセントである。しかし、高価格でも一定の普及率がある理由は、アップル製品の高品質に加え、ネットワーク効果が働いていると考えることは妥当であろう。「第2四半期の世界スマホ出荷台数、アップルが3位に転落」Cnet Japan、二〇一八年八月一日（https://japan.cnet.com/article/35123382/）二〇一九年七月確認。

*32 エンゲルスの弟子であった修正論者のベルンシュタインは、マルクスの窮乏化理論、すなわち諸資本の集中と労働者の窮乏から資本主義の崩壊を推論する議論を批判した。

*33 窮乏化論はマルクスにとって非常に魅力的であった。なぜなら「それは資本主義経済を倫理的な価値観から批判する古い社会主義に対して、自らの積極的な立場を「科学的」社会主義として明確に区別する基礎となるからである」（尾畑道昭、「第6章 マルクス経済学」、伊藤誠・編、『経済学史』一四九－一五〇ページ）

*34 鈴木鴻一郎、『マルクス経済学講義』、一四五－一四六ページ

*35 シュンペーターはベルンシュタインの窮乏化論への反論には共感を示しているが、他方で歴史の経済史的解釈や経済力の集中といった問題に関して彼の議論が「明らかに浅薄」であると非難している（ジョセフ・アロイス・シュンペーター、『経済分析の歴史』、下巻、二五四ページ）。

*36 ジョセフ・アロイス・シュンペーター、「資本主義の安定性」、『資本主義は生きのびるか』、一三一ページ

*37 「資本主義の安定性」、『資本主義は生きのびるか』、一三二ページ

*38 ピーター・バーンスタイン、『ゴールド――金と人間の文明史』、五〇〇ページ

*39 興味深いことに、「経済発展」を証明する、こうした新たに出現した文化を、シュンペーターは好まなかったという。リチャード・スウェドベリによると、彼は、第一次大戦前の、伝統的なブルジョワ風の文化を好んでいた。（Swedberg, Capitalism, socialism and Democracy, in J.A. Schumpeter, his life and work., p.146）

*40 『図説世界史を変えた50の機械』、一〇四ページ

*41 彼は不況が単純に悪いものというわけではなく、「経済の変化に適応するという、本来すべきことを示してくれてい

る」と考えた。J.A. Schumpeter, Depressions, Economics of the recovery program, p.16.

＊42　エリザベス・ブーディー・シュンペーター、「編者序文」、『経済分析の歴史』ＸＸページ

＊43　P・クルーグマン「イントロダクション」『雇用、利子、お金の一般理論』ジョン・メイナード・ケインズ、二〇ページ

＊44　J.A. Schumpeter, Capitalism, Socialism and Democracy, p.113

＊45　『資本主義・社会主義・民主主義』Ⅰ、二六八ページ

＊46　『資本主義・社会主義・民主主義』Ⅰ、三〇一ページ

＊47　『資本主義・社会主義・民主主義』Ⅰ、二七五ページ。技術的可能性の減少自体はケインズの議論ではないが、投資機会消滅の重要な要因として議論されている。

＊48　J.A.Schumpeter, Capitalism, Socialism and Democracy, p.118

＊49　『資本主義・社会主義・民主主義』Ⅰ、二七六ページ

＊50　『資本主義・社会主義・民主主義』Ⅰ、三九四ページ

＊51　『資本主義・社会主義・民主主義』Ⅰ、三〇八ページ

＊52　ポール・サムエルソン、「シュムペーターの資本主義、社会主義および民主主義」、『シュンペーターのヴィジョン』、二九ページ

＊53　岩本晃一、『ＡＩと日本の雇用』、一八ページ

＊54　第一次〜第三次産業革命は、すべて事後的に定義された革命であった。しかしこのインダストリー４・０は、現在計画中のものを含む。

＊55　尾木蔵人、『決定版インダストリー４・０——第４次産業革命の全貌』、一七ページ

＊56　スコット・ギャロウェイ、『ＧＡＦＡ——四騎士が創り変えた世界』、五八ページ・

＊57　ジョセフ・アロイス・シュンペーター『景気循環論』、Ⅲ、七六三ページ

＊58　『景気循環論』、Ⅲ、七六六ページ

＊59　「長期においては価格調整が働き、市場メカニズムによって非自発的失業も解消される」という考えは、市場メカニズムを信奉する自由主義的な主流派の経済学者が特に主張するものである。しかし、ジョン・メイナード・ケインズはこの長期的観点を批判し、「長期において、我々はみな死んでしまう。嵐の最中にあって経済学者に言えることが、ただ、嵐が過ぎれば波はまた静まるであろう、というだけなら、彼らの仕事は簡単で、無用ですらある」と述べた。(ジョン・メイナード・ケインズ、「貨幣改革論」、『ケインズ——貨幣改革論、若き日の信条』、一六六ページ)

＊60　二〇一三年、ＯＥＣＤは作業の機械化、オートメーション化が全雇用者数の一割を代替するという推計を出した(OECD "Automation and Independent Work in a Digital Economy." *POLICY BRIEF ON THE FUTURE OF WORK* (vol2).

＊61　岩本晃一、『ＡＩと日本の雇用』、八〇ページ

＊62　山本勲、『労働経済学で考える人工知能と雇用』、四七ページ

＊63　海老原嗣生、『「ＡＩで仕事がなくなる」論のウソ』、一三八ページ

＊64　このミスマッチが、大卒知識人の資本主義批判を煽る場合もある。シュンペーターは『資本主義・民主主義・社会主義』において、大学のような高等教育を受けた人が、必ずしも望みの職に雇用されなかった場合、大学を出た後に肉体労働を心理的に避ける傾向があることを示唆した。望みの職に就けない知識人の不満や怒りは、しばしば社会批判や資本主義への批判に向くことがある。（『資本主義・社会主義・民主主義』、上巻、三四四－三四五ページ）

＊65　『労働経済学で考える人工知能と雇用』、五六ページ

＊66　App Annie「世界のスマホアプリ市場、18年に１０００億ドル超」（https://www.itmedia.co.jp/news/articles/1712/06/news101.html）二〇一八年一二月確認

＊67　日本においては、いわゆる「白タク」問題があり、一般人がこうしたアルバイトをするのに規制が存在する。

終章

イノベーションが導く未来とは

未来予想

大恐慌のときもそうであったように、リーマンショックの後もやはり、資本主義のシステムに対する批判がたびたび繰り返され、資本主義の終焉までもが議論となったが、単なる資本主義批判というわけではない議論も二〇一〇年代以降から聞かれるようになってきた。例えばAIとベーシック・インカムによる「ユートピア」の可能性である。ベーシック・インカムとは、税収の中から国民に一律に一定額を支給するというものだ。ベーシック・インカムは、消費者がそれをどのような支出に充ててもよいが、貧困層がこれを手にしたとき、彼らはそれを生活のために使い、自身の収入を、より有用なことに使えるだろう。ベーシック・インカムが生産を効率化するAI技術と結び付けば、物質的・金銭的な富に不自由することのない世界が待っているかもしれないと、この政策の一部の支持者は主張する。

彼らによると、機械が現在人間の行っている労働を完全に代替するまで進歩した場合、新たな富の分配システムが構築されることにより、望まぬ労働を長時間させられることなく、人間の創造性を生かして生活することのできるユートピア（テクノユートピア）が到来するという。今日の楽観的ベーシック・インカム論の盛り上がりには、ICT技術やAI技術への信仰も見え隠れする。

しかし、このような議論には深刻な一面もある。前章でも議論したが、AIやIT技術の向上は生産過程における効率性を格段に向上させたのだが、本来であれば人間の作業を軽減するこうした傾向は、他方で人間の労働を奪う。生産手段を所有する者としない者の間において、所得に差が生じるのは明らかであろう。今後、AI化による自動化が行きつくところまで行った場合、モノはあるのに買う者のいない窮乏化の時代となるのか、それとも機械がすべての生産を行い、人間は労働をせずに暮らすようになる時代が来るのか、という議論が実際に成されるようになってきている。本書の締めくくりとして、機械がどこまで人間の作業を代替するのか、そして技術的ユートピアは可能なのか、という問題について検討したい。

企業者の役割の再考

シュンペーターは「大企業化」が生産プロセスの効率化をもたらし、複雑になった生産プロセスを効率化・計算可能化するというシナリオを強調する。そして彼は、これがイノベーションについても同様にいえると考えた。

〔企業者の〕こうした社会的な役割はすでに重要性が低下しつつあり、たとえ企業者精神を原動力とする経済のプロセス自体が衰えなくても、今後、重要性の低下に拍車がかかる運命にある。というのも、まず、日常業務の枠を超えることが以前に比べて格段に容易になった。イノベーション自体が日常業務になりつつある。技術の発展は急速に専門家集団の仕事になってきている。必要なものを生み出し、それを計算通りに利用する。かつては天才のひらめきで予見するしかなかったものが、今では厳密に計算できるケースが飛躍的に増えており、ビジネスで一世一代の賭けにでる、といった往時のロマンが急速に色あせている。[*1]

シュンペーターの時代よりもさらに技術の進んだ現代においては、高性能の計算能力を備えたコンピューターが一般に普及している。これにより企業の計算能力や、生産の効率性は一段と強化された。例えば、一九九〇年代にウォルマートに導入されたＩＴシステムは、ＰＯＳ（販売時点）データを製造サイドと共有し、在庫管理を正確に行うことで、小売業の効率を劇的に高めた。[*2] 第４章でも議論したが、機械による生産・販売の管理は今後ますます増えていくと予想される。

ＡＩ技術は近年、チェスや将棋でプロを負かすほどの能力を身に付け、特定分野では人間の能力を凌駕しつつある。ＡＩは無数のデータをパターン化し、人間の学習能力を模した「ディープラーニング」によりいくつかの特徴的なパターンに見当を付けて、そこから法則性を見つけ、予測することに長けている。将棋だけではなく、工場の熟練工の仕事や自動車の自動運転の技術も実用化に向けてテストが繰り返されている。ドイツがインダストリー４・０として進めているＩｏＴやＡＩの生産過程への適用は、普及が進むにつれ、生産現場における効率性を各段に上昇させるであろう。

ディープラーニングによる市場予測の能力も、以前よりも格段に強化された。ＧＡＦＡは、消費者の購買行動における嗜好（ネット上でどのページを閲覧したか、または何を購買したか）や行動パターン（例えば、グーグル・マップをダウンロードした端末の人間の行動データが収集されている）、政治的・思想的傾向（何党を支持しているか）、天気と購買行動の関係や交通量まで、様々なデータを集め、経済予測に活用してきた。こうしたデータは市場を予測可能にし、企業運営を円滑にするであろう。

本来、経済現象は非常に複雑なので、主流派経済学は「均衡状態」を想定するためには「市場における情報がすべて経済主体に知られている」とする「完全情報」という極端な仮定を用いる。仮にすべての情報が入手可能であれば経済主体は確率的にではあるが、正しい「合理的」な意思決定を行うことができる。完全情報という非現実的な仮定がない限り、市場の均衡状態を考えることはできないのだが、実際、取引きを行う主体が財やサービスに関するすべての情報を知っているとは考えにくい。しかし、膨大な量のデータを活用したディープラーニングやAIによる経済予測は、経済主体が完全情報に近い形で合理的に行動できる下地を用意し、市場均衡に近い状態を作るのかもしれない。これはシュンペーターの考える「静態的」な経済に近づく、ということであろうか。

シュンペーターは、静態的な均衡状態が支配する経済において非・連続的な「経済発展」は生じず、企業者の活躍の場を奪うだろうと考えていた。仮に新しいこともすべて予測可能であれば、イノベーションもまた予測可能で合理的に遂行できる「経営」の一部となる。彼の議論を信じるとして、AIやIoTの力を借りた合理的予測は、創造的主体たる「企業者」の存在意義を奪うのであろうか？

創造性と計算可能性

確かにIT技術やAI技術はそれまでオフィスで行われてきた仕事を合理化しつつある。現実に在庫管理システムや翻訳、防犯、農作業、また自動化技術や機械学習により、銀行で行われているオフィス作業の多くは、その一部がITや、AI技術に取って代わられている。AIによる仕事の代替は、弁護士業や行政書士、医療といった高スキルな職種にも及ぶと予測されている。しかしAIは、高度な対人能力を必要とするものや、創造性を必要とする作業は苦手である。

機械が創造性を持ち得るかどうかという問題についてE・ブリニョルフソンとA・マカフィーは、AIが本当に創造的な仕事をするようになるには、まだ時間が必要であると指摘した。

これまでにない新しい何か、しかも役立つ何かを生み出すには、恐らくクリエーター自身がこの世に生きて暮らしていることが必要ではないだろうか。だがコンピューターは「生きて暮らしている」とは言いがたい…。人々が次に望んでいることを理解するためには、そのことが人間にとってなにを意味するかを考え、それを想像の中で人間の感覚と感情でもって体験しなければならない。それができるのは、いまのところ、そしてかなり遠い先まで、人間だけでないかと思われる。[*3]

スティーブ・ジョブズは、マッキントッシュやiPhoneにおいて、モノと人とのインターフェースの刷新と、そして新たな生活スタイルを提示して見せた。それを可能にしたのは、彼自身が生活における様々な不便を感じており、それを解消したいと切に望んでいたからだ。彼の「創造性」は、彼自身の環境と不可分なのである。

人工知能研究の松尾豊によると、「創造性」の意味は二通りある。第一に、個人の中で日常的に生じている「概念の獲得」であり、何かに「気づく」行為である。第二に「社会の誰も考えていない、実現していないような創造性」である。前者はすでに、AIに可能となった領域であるが、後者については相対的なものであり、人間の社会でも生じるのが稀なものだ。仮に「行動を通じ」て、環境とのインタラクションが可能となり、物事の特徴をつかむことのできるAIが完成したならば、試行錯誤による創造性が生じるであろうことを松尾は指摘している。[*4] しかし、こうしたAIの開発は未だ研究段階であり、可能性の一つとして指摘されるにとどまっている。

イノベーションは彼が定義した通り、それまでの合理性の図式を変える「思いもよらない発見」であり、我々の複雑多様な現実世界の産物であり、またＡＩがどれだけ進歩しようとも「断続的」に生じうる。「画期的」なアイデアのインパクトがどれほどであるかを事前に計算する方法は今のところ存在せず、世界を断続的に変えるようなイノベーションは今後も生じるだろう。そしてそれは、現状の独占体制を揺るがすものとなるに違いない。

テクノユートピアは来るのか

イノベーションが導く未来の予想図として一つ、例を挙げてみよう。アメリカのＴＶドラマ「スター・トレック」の劇場版、「ファースト・コンタクト」において、主人公のジャン・リュック・ピカード艦長は宇宙船「Ｕ・Ｓ・Ｓ・エンタープライズ号」と共に、二四世紀から二一世紀へとタイムスリップしてしまう。彼は、二一世紀で知り合った科学者の女性に宇宙船の艦内を案内しながら、二四世紀の世界を次のように説明した。「未来の経済は現在（二一世紀）のものとはかなり違う。実は二四世紀には金は存在しないんだ。未来では富を得るために働くのが人生の目的では無くなった。より良い目的のために、人類のために働く。君やコクレーン博士だってそうじゃないか」。

スター・トレックがＴＶで放映開始されたのは一九六六年だが、産経新聞のＷＥＢ記事では、現代のアメリカ技術者が技術開発をする際、スター・トレックをネタ元にしているのではないかという記事さえあった。[*5] スマートフォンのような多機能情報端末の出現は作品中ですでに預言されていた。劇中に出てきたような人間の言葉を理解して、それに応答する技術は「チャットボット」としてすでに存在し、3Dプリンター、ヴァーチャル・リアリティ技術もすでに確立しつつある。残念ながら人間にそっくりなアンドロイドは未だ誕生していないが、近年のロボット技術は、機械をいかに人間に似せるか、という方向に進歩している。二一世紀を迎えICTパラダイムの産業も成熟してきた今日、IT技術やAI技術の応用分野における技術的発展のスピードは加速してきている。

　ピカード艦長の言葉を考えてみよう。彼は二四世紀では金が存在しないと言う。人生の目的が富を得るためではなくなった世界で、人々は自分の興味や好奇心を満たすよう、そして人類に貢献するように働く。技術進歩が人間の労働を完全に代替し、生産が合理化され、公平な分配システムによって個人が自由に生きることのできるような理想郷のことを「テクノユートピア」という。塩野谷祐一は、『資社民』におけるシュンペーターの社会主義移行論について、次のように論じた。

> シュンペーターは、資本主義が生活水準の向上という発展志向型の仕事を成し遂げた後、社会主義という名前の是非は別として、高度の合理化された経済を土台として、社会的観点から資源の分配を行い、経済至上主義の生活から脱却することのできる体制が来るはずだと考えた。そこでは、経済発展はもはや本質的に必要ではないから、発展の鈍化は当然である。そうなれば企業者のなすべき仕事はなにも残されていない…。人間のエネルギーはビジネスから離れていくであろう。しかしその代わりに、「経済的な仕事以外のものが頭脳をひきつけ、冒険の機会を与えるであろう」*6。

皮肉屋のシュンペーターの預言を文字通り受け止めたとして、仮に技術が発展し、資本主義が「放蕩を尽く」して成熟してその役割を終えたとき、社会は十分な分配を行うような体制を創出するのであろうか。将来、スター・トレックにおいてピカード艦長が示したような未来が来るのであろうか。

社会主義移行論再考

『資社民』におけるシュンペーターの予測は、結果として未だ当たってはいない。同書が一九四〇年代初頭のアメリカと世界経済の状況を反映した「時代の申し子」[*7]であるとの前提なしに、この議論をそのまま現代に適用することはできないが、それでもなお、彼の社会主義移行論には再考されるべき重要な点がある。仮に彼の予測に問題があっても、それを議論のたたき台とすることにより得るものは大きい。

現在進行中の資本主義が役割を終えた場合、結果として、どのような未来が来るのであろうか。シュンペーターは『資社民』において次のような議論を行っている。仮に、一九二八年から半世紀の間にアメリカの総生産の成長率が、彼が想定する二パーセント成長を続け、一九七八年の時点で人口一人当たりの所得が一三〇〇ドルを超える場合、失業の問題はほぼ解決するという見通しを立てた。これは、一九二八年時点の国民所得と比べると二倍である。しかし実際、一九七八年までに国民生産は二・五倍に増加した。[*8]シュンペーターの予測を上回るスピードで、アメリカ経済は成長した。

資本主義の成功により、大衆のための社会立法を可能とする意志と手段が生じた。経済成長により税収が増え、同時に知識人の間で社会的問題への関心が強まることで、貧困に配慮した法律が成立するようになった。一九四九年の暮れ、シュンペーターはニューヨークのアメリカ経済学会において「資本主義への行進」という講演を行った。[*9] この講演において彼は再び、資本主義の終焉と社会主義への移行についての彼の見解を述べた。彼によると当時、多くの経済学者は社会主義に反対していたが、それでも次の点については合意していた。

（1）景気後退、少なくとも不況を回避するための様々な安定化政策。
（2）「所得格差の是正は望ましい」という主張。
（3）様々な物価統制手段。これは「反トラスト」というスローガンで頻繁に合理化されている。
（4）労働・金融市場の公的管理。
（5）公営企業が、無償もしくは郵政公社の原理で満たしている欲望の領域を際限なく拡大していくこと。
（6）ありとあらゆるタイプの社会立法。

こうした社会政策に同意している経済学者達は押しなべて資本主義の動力装置が持つ生産能力を信頼しており、また大衆の生活水準向上を考慮に入れると、資本主義を損ねることなく再配分がうまくゆくと信じている。なぜなら、彼らはマルクスの知らなかった点、すなわち、「資本主義の動力装置に秘められた途轍もない生産力で大衆の生活水準を際限なく引き上げ」ることが可能になったこと、そして独占的企業が社会主義化によって収奪されることなく、資本主義を停止させずに、無償のサービスによって生活水準を「補強」できるようになったことを知っているからである。*10
近年ＩＣＴパラダイムにおける格差の問題を解消するために、より抜本的な再分配政策の転換を行うべきであるという声が上がり始めている。技術の向上は生産効率を格段に向上させたが、前章で議論した「格差」の問題が、資本主義に対して修正を迫りつつある。労働経済学者、ガイ・スタンディングは不確実な体制下において、現在使われている「社会保険」的な制度では、貧困を解消し難いことを訴えている。従来の制度は「相互扶助」の精神によって、最低限の生活を送ることのできない人を救う制度であった。

社会保険の対象とされるリスクは「偶発的リスク」と呼ばれるもので、具体的には、失業、病気、事故、障害、妊娠などが含まれる。これらのいずれの場合も、リスクが現実化する統計上の確率を基準に、保険数理に基づいて適正な保険料と給付金の金額を算出することが可能だ…。
二十一世紀の世界では、これらの条件が満たされなくなった。不安定な雇用を転々とする人が多くなり、社会保障を負担する層が細っているため、政府は一般財源で社会保填を補填せざるを得なくなっている…それに、社会保障ではほとんど、あるいはまったく対応できないタイプのリスクにさらされる人も多くなった。*11

ここで言われている「対応できないタイプのリスク」とは、テクノロジーの進歩や、グローバル資本主義下における「不確実性」である。*12 スタンディングによると、戦後まだ福祉国家が機能していたころ、テクノロジーの変化は漸進的であり、製造業においては雇用も豊富にあった。しかし、今日ではグローバリゼーションが進み、「世界のどこかでくだされる予想外の決定による影響」を免れず、またテクノロジーの変化が加速したことにより「社会と経済が土台から揺さぶられるように」なった。彼はこうした要因が「社会階層の固定化」を進めていると結論付ける。[*13] 一度貧困層に陥った人は、なかなかそこから脱することができない。そこで必要となるのが、不確実性による犠牲を包括的に救済するための方策である。

ここ数年でよく議論されるようになったのが、AIを含むICT技術とベーシック・インカムの両輪による、「テクノユートピア」の実現である。[*14] ICTパラダイムにおけるAIやIoTの活用によって、より高い生産性が可能となった場合、従来の失業手当や生活保護といった貧困に対する社会保障を取りやめ、国民一律に一定の額を現金で支給することで、貧困を救えるというのである。

ベーシック・インカムという制度の良い点は、皆が一律で受け取ることができるので、その意味における不公平感が無いこと、給付が各人の収入水準に依っているわけではないので、収入調査のような行政コストが削減できることにある。またこの方法は社会主義のように、企業者となる誘引を損なわず、再分配を達成できる。

一方問題点としては、働かずして現金が支給されることによる労働意欲の減退、支給した現金が生活のためではなくギャンブルのような消費に使われてしまう可能性、労働に基づかない収入により、インフレーションが生じる可能性、そして一番大きな問題として「財源」の問題がある。ベーシック・インカム論者は一様にして、財源の問題に楽観的であるが、現実の問題として、実際に格差を生じている側の巨大企業が、税金等の形で彼らの利潤の一定部分を社会に還元しない限り、財源問題を解決することは難しいだろう。そして、シュンペーターも心配していたことであるが、ベーシック・インカムのような分配政策に人々が慣れ、依存してしまうようになった場合、それでもなお個人が自分の創造性を生かし、自律的・積極的な生活を送れるかどうかは不透明なのだ。

結び

資本主義が今後、さらに発展したICTパラダイムの下で、現状の形で維持されうるかどうかは微妙なところまで来ているのかもしれない。それほどIoTやAIという技術が市場経済に与えるインパクトは大きい。決定論的に考えるのであれば、機械がすべての労働者を代替したとき、機械の所有者のみが生き残り、労働者階級は消滅して大量の失業を招く。バブル崩壊後の低成長や格差の問題を考えると、ベーシック・インカムの議論が活発になるのは、無理も無いことかもしれない。日本では長期にわたって景気拡大が続いているというが、周りを見渡してもそれほど豊かになった実感がわかない。さらに、資本を持つ者と持たざる者の所得格差は拡大していることが実証的に示されている。これらはマルクスのいう「窮乏化」への道を示しているのであろうか。

しかし他方で、少子化の日本では、運輸や建築といった業種における人手不足が叫ばれて久しい。こうした業種がAIの助けにより、低スキルの者が高収入を達成する可能性も論じられている。ベーシック・インカムの議論をする前に、現状における人手不足をいかに解消するか、ICT技術の力を借りてどのように現状における「労働」を活用するか、もしくはどのようにワーキング・シェアを行うか、という課題の方が、より建設的で重要であるように思われる。

また、仮に従来とは全く新しい形の労働を創出するようなイノベーションがあれば、「窮乏化」のシナリオが単純にそのまま進むとも考えにくい。これは前章で示した通りである。スマートフォンの普及は、様々なところに「スキマ仕事」を創り出した。スキマ仕事は労働者の副業の可能性を広げ、収入増加に一役買うことであろう。また、イノベーションが「価値評価」を変えることだとすれば、次に出現する産業は我々が思いもよらない業種となるかもしれない。そしてそこに新たな労働需要が発生することもあろう。

資本主義が不調にあるとき、その都度、資本主義システムそれ自体の問題がやり玉に挙げられてきた。確かに一九世紀を通じて、労働者受難の時期があった。劣悪な環境下において長時間労働を迫られ、若くして働けなくなった者も数多く、失業者はロンドンの下水に住み着き、餓死する者も多かった。しかし、二〇世紀を通じ、劣悪な環境は改善されつつあり、餓死する者もほとんどいなくなった。これらは資本主義が可能にした社会立法のおかげである。資本主義の終焉を論じる前にその「功」の方も再考されるべきだ。

我々は常に競争の圧力にさらされているのは真実だ。我々は変化に適応するために、新しいことを学び続けなければならない。しかしイノベーションによる新たな知識や技術の獲得が、我々をここまで発展させてきた要因の一つであることは間違いないであろう。創造性を発揮し、認知領域を拡大する作業は、機械ではなく人間にしかできないのである。

＊1　ジョセフ・アロイス・シュンペーター、『資本主義・社会主義・民主主義』、I、三〇四—三〇五ページ

＊2　エリック・ブリニョルフソン、アンドリュー・マカフィー、『ザ・セカンド・マシン・エイジ』、一七一ページ

＊3　エリック・ブリニョルフソン、アンドリュー・マカフィー、『プラットフォームの経済学——機会は人と企業の未来をどう変える?』、一八三ページ.

＊4　松尾豊、『人工知能は人間を超えるか——ディープラーニングの先にあるもの』

＊5　産経WEST、経済裏読み、「米技術開発の元は「スタートレック」か…スマホ、タブレット、3Dプリンター、50年前から〝世界観〟刷り込まれ」二〇一三年九月一七日（http://www.sankei.com/west/news/130917/wst1309170078-n1.html 二〇一八年八月二六日確認）

＊6　塩野谷祐一、『シュンペーター的思考』、一九七ページ、引用内のシュンペーターの言葉、『資本主義・社会主義・民主主義』、I、三〇二ページ。シュンペーターはこうした考え方を、比較的早くから持っていたようだ。伊東光晴と、根井雅弘の『シュンペーター——孤高の経済学者』も合わせて参照のこと。

＊7　マクロウ、「マクロウによる序文」、『資本主義・社会主義・民主主義』、I、三三ページ

＊8　ウィリアム・フェルナーは、一九七八年において「経済的成果の水準はその一九二八年の水準の二・五倍となったし、従業員一人当たりの実質生産は、一九二八年の水準の二・一倍になった」としている。ウィリアム・フェルナー「社会主義への前進か」『シュムペーターのビジョン——資本主義・社会主義・民主主義の現代的評価』、一一四ページ

＊9　この講演の原稿を論文集に書き下ろした翌日、六七歳の誕生日を一か月後に控えたシュンペーターは、脳出血により息を引き取った。

＊10　ジョセフ・アロイス・シュンペーター「社会主義への行進」『資本主義・社会主義・民主主義』、II、三六〇ページ

＊11　ガイ・スタンディング、『ベーシック・インカムへの道』、二二二ページ

＊12　『ベーシック・インカムへの道』、九二ページ

＊13　『ベーシック・インカムへの道』、一一一ページ

＊14　日本では井上智洋がベーシック・インカムとICT技術による「ユートピア」の可能性を議論している。（井上智洋、『人工知能と経済の未来——2030年雇用大崩壊』、文春新書）

参考文献

秋元征紘〔二〇一五〕『なぜ今、シュンペーターなのか』、クロスメディア・パブリッシング

Allen, Robert Loring〔1991〕Opening Doors-The life & Work of joseph Schumpeter, vol1, Transaction Publishers.

Bernstain, L. Peter〔2000〕*The Power of Gold - The History of an obsession*, ピーター・バーンスタイン、『ゴールド』、鈴木主税・訳、〔二〇〇一〕、日本経済新聞出版社（日経ビジネス人文庫）

Bõhn-Bawerk, Eugen von〔1881〕*Nationalökonomienach Prof. Eugen Böhm*, ボェーム・バヴェルク、『国民経済学――ボェーム・バヴェルク初期講義録』、塘茂樹・訳、〔一九九四〕、嵯峨野書院

Brynjolfsson, Erik. and McAfee, Andrew〔2011〕*Race against the Machine: How the digital Revolution is Accelerating Innovation Driving Productivity, and Irreversibly Transforming Employment and the Economy*, エリック・ブリニョルフソン、アンドリュー・マカフィ、『機械との競争』、村井章子・訳、〔二〇一三〕、日経ＢＰ

Brynjolfsson, Erik and McAfee, Andrew〔2014〕*The Second Machine Age*, エリック・ブリニョルフソン、アンドリュー・マカフィ、『ザ・セカンド・マシン・エイジ』、村井章子・訳、〔二〇一五〕、日経ＢＰ

Brynjolfsson, Erik and McAfee, Andrew〔2017〕*Machine, Platform, Crowd : Harnessing our Digital Future*, エリック・ブリニョルフソン、アンドリュー・マカフィ『プラットフォームの経済学――機械は人と企業の未来をどう変える?』、村井章子・訳、〔二〇一八〕、日経ＢＰ

Condrcet, Nicolasde Caritat〔1793-94〕*Esquisse d'un tableau historique des progre's de l'esprithumain*, ニコラ・ド・コンドルセ、『人間精神進歩史』、渡辺誠・訳、〔一九五一〕、岩波書店（岩波文庫）

Coombs, Rod, Saviotti, Paolo and Walsh, Vivien〔1987〕*Economics and Technological Change*, ロッド・クームズ、パオロ・サビオッティ、ヴィヴィアン・ウォルシュ『技術革新の経済学』、竹内啓、廣松毅・監訳、〔一九八九〕、新世社

Cowen, Tyler〔2011〕*The Great Stagnation - How America Ate All the Long-Hanging Fruit of Modern History, Got Sick, and Will*

(Eventually) Feel Better, タイラー・コーエン、『大停滞』、若田部昌澄・解説、池村千秋・訳、［二〇一一］、ＮＴＴ出版
伊達邦春［一九九一］『シュンペーターの経済学』、創文社
Dosi, Giovanni［1982］“Technological Paradigm and technological trajectories”, *Research Policy* 11
Dosi, G and Mauro SylosLabini［2007］“Technological Paradigm and trajectories” in *Elgar Companion to Neo-Schumpeterian Economics*, p.339
Fellner, William［1981］“March into Socialism, or Viable Postwar Stage of Capitalism”, in *Schumpeter's vision: Capitalism, Socialism and Democracy after 40 Years*, ウィリアム・フェルナー「社会主義への行進か」、『シュンペーターのヴィジョン――資本主義・社会主義・民主主義の現代的評価』、西部邁、松原隆一郎、八木甫・訳、［一九八三］、ホルト・サウンダース・ジャパン
Freeman, Christpher［1988］“Structural crises of adjustment, business cycles and investment behaviour”, in Dosi, etal., *Technical Change and Economic Theory*, pp. 38-66
海老原嗣生［二〇一八］『「ＡＩで仕事がなくなる」論のウソ』、イースト・プレス
Galloway, Scott［2017］*The Four, The Hidden DNA of Amazon, Apple, Facebook, and Google*, スコット・ギャロウェイ『ＧＡＦＡ――四騎士が創り変えた世界』、渡会圭子・訳、［二〇一八］、東洋経済新報社
Haberler, Gottfried［1951］Schumpeter's Theory of interest, *Review of Economic Statistics, vol.33*, 1951
Haberler, Gottfried［1981］Schumpeter's Capitalism, Socialism and Democracy after forty years, in *Schumpeter's vision: Capitalism, Socialism and Democracy after 40 Years*, ゴットフリート・ハーバラー、「『資本主義・社会主義・民主主義』の四〇年」、『シュンペーターのヴィジョン――資本主義・社会主義・民主主義の現代的評価』、西部邁、松原隆一郎、八木甫・訳、［一九八三］、ホルト・サウンダース・ジャパン
原田悦子・編［二〇〇三］『「使いやすさ」の認知科学』、岩波書店
Heertje, Arnold［1981］*Schumpeter's vision: Capitalism, Socialism and Democracy after 40 Years*, アーノルド・ヒアチェ、『シュ

ンペーターのヴィジョン――資本主義・社会主義・民主主義の現代的評価』、西部邁、松原隆一郎、八木甫・訳、［一九八三］、ホルト・サウンダース・ジャパン
Hodgson, Geoffrey M［1993］*Economics and Evolution: Bringing Life Back into Economics*, ジェフリー・ホジソン、『進化と経済学――経済学に生命を取り戻す』、西部忠・監訳、［二〇〇三］、東洋経済新報社
Huerta de Soto, Jesús［2008］*The Austrian School, Market Order and Entrepreneurial Creativity*, Edward Elger, ヘスース・ウエルタ・デ・ソト、『オーストリア学派――市場の秩序と起業家の創造精神』、蔵研也・訳、［二〇一七］、春秋社
池上彰［二〇一七］『世界を動かす巨人たち〈経済人編〉』、集英社（集英社新書）
伊東光晴、根井雅弘［一九九三］『シュンペーター――孤高の経済学者』、岩波書店（岩波新書）
伊藤宣広［二〇一六］『投機は経済を安定させるのか？ ケインズ「雇用・利子および貨幣の一般理論」を読み直す』、現代書館
井上智洋［二〇一六］『人工知能と経済の未来――２０３０年雇用大崩壊』、文藝春秋（文春新書）
井上伸雄［二〇一六］『情報通信技術はどのようにして発達してきたのか』、ベレ出版
岩本晃一［二〇一八］『ＡＩと日本の雇用』、日本経済新聞出版社
菊地均［二〇一五］『シュンペーターの資本主義論』、日本経済評論社
Kuhn, Thomas［1962］*The Structure of Scientific Revolutions*, トーマス・クーン、［一九七一］、『科学革命の構造』、中山茂・訳、みすず書房
Keynes, John Maynard［1930］*A Treatise on Money*, vol.2, London, Macmillan.
Keynes, John Maynard［1935］*The General Theory of Employment, Interest and Money*, ジョン・メイナード・ケインズ、『雇用、利子、お金の一般理論』、山形浩生・訳、［二〇一二］、講談社（講談社学術文庫）
Krugman, Paul［2007］Introduction in *The General Theory of Employment, Interest and Money*, ポール・クルーグマン、「イントロダクション」、『雇用、利子、お金の一般理論』、山形浩生・訳、［二〇一二］、講談社（講談社学術文庫）

Norman, Donald A.［1988］*The Psychology of Everyday Things*, ドナルド・ノーマン、『誰のためのデザイン？——認知科学者のデザイン原論』、野島久雄・訳、［一九九〇］、新曜社（新曜社認知科学選書）

丸山徹［二〇〇八］『ワルラスの肖像』、勁草書房

Marx, Karl［1885/90］*Das Kapital: Kritik Dietz Verlag*, マルクス、『資本論』、向坂逸郎・訳、岩波書店（岩波文庫）

McCraw, Thomas K.［2007］*Prophet of Innovation: Joseph Schumpeter and Creative Destruction*, トーマス・マクロウ、『シュンペーター——革新による経済発展の預言者の生涯』、八木紀一郎・監訳、田村勝省・訳、［二〇一〇］、一灯舎

McCraw, Thomas K.［2008］"Introduction", in *Capitalism, Socialism and Democracy*, Third edition, トーマス・マクロウ「マクロウによる序文」『資本主義・社会主義・民主主義』、大野一・訳、［二〇一六］、日経ＢＰ社

三谷宏治［二〇一四］『ビジネスモデル全史』、ディスカバー・トゥエンティワン

森島光紀［二〇〇六］「移動通信端末・携帯電話技術発展の系統化調査」、国立科学博物館産業技術史センター編、『国立科学博物館技術の系統化調査報告』vol.6, 2006、国立博物館

文部科学省［二〇一七］『平成29年版科学技術白書』

Muller, Jerry Z.［2002］*The Mind and the Market: Capitalism in Modern Europian Thought*, Alfred A. Knop., ジェリー・Z・ミュラー、『資本主義の思想史』、池田幸弘・訳、［二〇一八］、東洋経済新報社

März, Edward［1983］*Joseph Alois Schumpeter-Forscher, Lehrer, und Politik. Verlag fürGeschichte und Politik, Wien*、メルツ・エドワード、『シュムペーターのウィーン』、杉山忠平・監訳、中山智香子・訳、［一九九八］、日本経済評論社

中谷巌［二〇〇〇］『入門マクロ経済学』第四版、日本評論社

Nelson, Richard and Winter, Sidney［1982］*An Evolutionary Theory of Economic Change*, The Belknap Press of Harverd University Press, リチャード・ネルソン、シドニー・ウィンター、『経済変動の進化理論』、後藤晃、角南篤、田中辰雄・訳、［二〇〇七］、慶応義塾大学出版会

西村吉雄［二〇一四］『電子情報通信と産業』、コロナ社

小畑二郎［二〇一一］『ヒックスと時間：貨幣・資本理論と歴史理論の総合』、慶応義塾大学出版会
OECD［2013］"Automation and Independent Work in a Digital Economy" in *POLICY BRIEF ON THE FUTURE OF WORK* (vol2)
尾木蔵人［二〇一五］『決定版インダストリー4.0——第4次産業革命の全貌』、東洋経済新報社
尾近裕幸、橋本努編［二〇〇三］『オーストリア学派の経済学』、日本経済評論社
御崎加代子［二〇〇六］『フランス経済学史』、昭和堂
Owen, Robert［1857］*The Life of Robert Owen written by himself with selections from his writings and correspondence*, vol.1, Effingham Wilson, ロバート・オウエン、『オウエン自伝』、岩波書店（岩波文庫）
Mary O' Sullivan［2001］'Finance and Innovation', in *The Oxford Handbook of Innovation* Chap9, pp. 251-252.
松村太郎［二〇一〇］『スマートフォン新時代——賢いケータイが社会を変える』、NTT出版
松尾豊『人工知能は人間を超えるか——ディープラーニングの先にあるもの』、KADOKAWA（角川EPUB選書）
宮田由紀夫［二〇一一］『アメリカのイノベーション政策：科学技術への公共投資から知的財産化へ』、昭和堂
Samuelson, Paul［1981］"Schumpeter's Capitalism, Socialism and Democracy" in *Schumpeter's vision: Capitalism, Socialism and Democracy after 40 Years*, ポール・サムエルソン「シュムペーターの資本主義、社会主義および民主主義」、『シュンペーターのヴィジョン——資本主義・社会主義・民主主義の現代的評価』、西部邁、松原隆一郎、八木甫・訳、［一九八三］、ホルト・サウンダース・ジャパン
沢井実、谷本雅之・著［二〇一六］『日本経済史』、有斐閣
Schmoller, Gustav von［1911］*Volkswirtschaft, Volkswirtschaftslehere und -methode*, グスタフ・シュモラー、『国民経済、国民経済学及び方法』、田村信一・訳、［二〇〇二］、日本経済評論社
Schumpeter, Joseph Alois［1908］*Das Wesen und der Hauptinhalt der theoretischenNationalökonomie*, ジョセフ・アロイス・シュンペーター、『理論経済学の本質と主要内容』、上・下巻　大野忠男、木村健康、安井琢磨・訳、［一九八四］、岩波書店（岩波文庫）

Schumpeter, Joseph Alois［1912］*Theorie der wirtschaftlichenEntwicklung*, Leipzig: Duncker &Humblot, Chapt7, ジョセフ・アロイス・シュンペーター、「国民経済の全体像（『経済発展の理論』第7章）」、『社会科学の過去と未来』、玉野井芳郎・監修、佐瀬昌盛・訳、［一九七二］、ダイヤモンド社。

Schumpeter, Joseph Alois［1915］*Vergangenheit und Zukunft der Sozialwissenschaften*, Munich and Leipzig: Duncker &Humblot, ジョセフ・アロイス・シュンペーター、『社会科学の未来像』、谷嶋喬四郎・訳、［一九八〇］、講談社（講談社学術文庫）

Schumpeter, Joseph Alois［1926］*Theorie der WirtschaftlichenEntwicklung: Eine UntersuchungüberUnternehmergewinn, Kapital, Kredit, Zins und den Konjunkturzyklus*, Munich and Leipzig: Duncker &Humblot, ジョセフ・アロイス・シュンペーター、『経済発展の理論』、上・下巻、塩野谷祐一、中山伊知郎、東畑精一・訳、［一九七七］、岩波書店（岩波文庫）

Schumpeter, Joseph Alois［1927］“*Unternehmerfunktion und Arbeiterinteresse*” in *Aufsätzezur Wirstschaftspolitik*, hrsg. v.W.Stolper u. Ch. Seidl, ジョセフ・アロイス・シュンペーター「企業家の機能と労働者の利害」、八木紀一郎・編訳、『資本主義は生きのびるか』、［二〇〇一］、名古屋大学出版会

Schumpeter, Joseph Alois［1927］“Die sozialenKlkassenimethnischhomogen Milieu” English edition “Social classes in an ethnically homogenous environment”, in *Imperialism and Social Classes*, Augustus M. Kelly, Inc., New York, ジョセフ・アロイス・シュンペーター、「人種的に同質である環境内の社会諸所階級」、都留重人・訳、『帝国主義と社会階級』、［一九五六］、岩波書店

Schumpeter, Joseph Alois［1928］“Unternehmer” in *Handwörterbuch der Staatswissenschaften*, ジョセフ・アロイス・シュンペーター、「企業者」『企業家とは何か』、清成忠男・編訳、［一九九八］、東洋経済新報社

Schumpeter, Joseph Alois［1928］Der Untrenehmer in der Volkswirtschaft von heutein *Strucktuwandlungen der DeutscherVolkswirstscaft*, Erster Band, ジョセフ・アロイス・シュンペーター、「今日の国民経済における企業家」、清成忠男・編訳、『企業家とは何か』、［一九九八］、東洋経済新報社

Schumpeter, Joseph Alois［1928］The instability of Capitalism, in *Economic Journal*, Sept, 1928, ジョセフ・アロイス・シュンペ

ーター「資本主義の不安定性」『資本主義は生きのびるか』、八木紀一郎・編訳、［二〇〇一］、名古屋大学出版会

Schumpeter, Joseph Alois［1932］"Development", in *Journal of Economic literature*, 43, 2005.

Schumpeter, Joseph Alois［1934］"Depressions", in Douglass V. Brown, Edward Chamberlin & Seymour Harris (eds) *Economics of the recovery program*, McGraw-Hill Book.

Schumpeter, Joseph Alois［1939］*Business Cycles: A Theoretical, Historical, and Statistical Analysis of the Capitalist Process*, New York and London: McGraw-Hill, ジョセフ・アロイス・シュンペーター、『景気循環論』、I-V、吉田昇三・監修、金融経済研究所・訳、［一九五八］、有斐閣

Schumpeter, Joseph Alois［1947］"The Creative Response in Economic History" *Journal of Economic History* No.7, 1947, ジョセフ・アロイス・シュンペーター、「経済史における創造的反応」、清成忠男・編訳、ジョセフ・アロイス・シュンペーター、『企業家とは何か』、［一九九八］、東洋経済新報社

Schumpeter, Joseph Alois［1947］"The Comments on a Plan for the Study of Entrepreneur" in *The Journal of Economic History*, Nov, 1947, ジョセフ・アロイス・シュンペーター、「企業家精神の研究のためのプランへの論評」、八木紀一郎・編訳、『資本主義は生きのびるか』、［二〇〇一］、名古屋大学出版会

Schumpeter, Joseph Alois［1950］Capitalism, Socialism and Democracy, 3rd Ed, New York: Harper, ジョセフ・アロイス・シュンペーター、『資本主義・社会主義・民主主義』、II、大野一・訳、［二〇一六］、日経ＢＰ

Schumpeter, Joseph Alois［1950］The march into socialism in *Capitalism, Socialism and Democracy*, 3rd Ed, ジョセフ・アロイス・シュンペーター、「社会主義への行進」、大野一・訳、『資本主義・社会主義・民主主義』、II、［二〇一六］、日経ＢＰ

Schumpeter, Joseph Alois［1954］*History of Economic Analysis*, ジョセフ・アロイス・シュンペーター、『経済分析の歴史』、中巻、岩波書店、福岡正夫、東畑精一・訳、［二〇〇六］、岩波書店

Schumpeter, Elizabeth Boody［1954］"Editor's Introductionm" in *History of Economic Analysis*, エリザベス・ブーディー・シュ

ンペーター「編者序文」、福岡正夫、東畑精一・訳、『経済分析の歴史』、〔二〇〇六〕、岩波書店
Shapiro, Carl and Varian, Hal〔1999〕*Information Rules*, Harvard Business Review Press: Watertown、カール・シャピロ、ハル・ヴァリアン『情報経済の鉄則』、大野一・訳、〔二〇一八〕、日経ＢＰ
進化経済学会編〔二〇〇六〕『進化経済学ハンドブック』、共立出版
Simon, Herbert, Alexander〔1983〕*Reason in human affairs*, Stanford University Press. ハーバート・サイモン『意思決定と合理性』、佐々木恒男、吉原正彦・訳、〔二〇一六〕、筑摩書房（ちくま学芸文庫）
塩野谷祐一〔一九九五〕『シュンペーター的思考』、東洋経済新報社
塩野谷祐一〔一九九八〕『シュンペーターの経済観――レトリックの経済学』、岩波書店
Smith, Adam〔1776/1789〕*An inquiry into the nature and causes of the wealth of nations*, fifth edition, アダム・スミス、『国富論』、水田洋・監訳、杉山忠平・訳、〔二〇〇〇〕、岩波書店（岩波文庫）
総務省〔二〇一七〕『情報通信白書』、総務省
Standing, Guy〔2017〕*Basic Income*, ガイ・スタンディング、『ベーシック・インカムへの道』、池村千秋・訳、〔二〇一八〕、プレジデント社
鈴木淳也〔二〇一六〕『Apple-Pay――決済の黒船』、日経ＢＰ
鈴木良始「アメリカにおける工業研究（研究開発）の成立――デュポン、ＧＥ、ＡＴ&Ｔを中心にして―（2）」『経済学研究』第32巻第2号、一九七―一九八ページ
Swedberg, Richard〔1995〕*Capitalism, socialism and Democracy*, in J.A. Schumpeter. his life and work, Blackwell Pub.
高木利弘〔二〇一一〕『ジョブズ伝説』、三五館
玉田俊平太〔二〇一五〕『日本のイノベーションのジレンマ――破壊的イノベーターになるための7つのステップ』、翔泳社
玉野井芳郎〔一九七二〕「シュンペーターの今日的意味」、『社会科学の過去と未来』、ダイアモンド社

梅田望夫［二〇〇六］『シリコンバレー精神』、筑摩書房
Weber, Max［1904］*Die》Objectivität《SozialWissenschaftlicher und SozialpolitischerErkenntnis*, マックス・ウェーバー、『社会科学と社会政策にかかわる認識の「客観性」』、富永祐治、立野保男・訳、折原浩・補訳、［一九九八］、岩波書店（岩波文庫）
Wozniak, Steve［2006］*IWoz : Computer geek to cult icon : how I invented the personal computer, cofounded Apple, and hadfun doing it*, スティーブ・ウォズニアック、『アップルを創った怪物』、井口耕二・訳、［二〇〇八］、ダイアモンド社
八木紀一郎「シュンペーターとヴィーン大学」『調査と研究』第5号、六三―八三ページ
八木紀一郎［二〇〇四］『ウィーンの経済思想――メンガー兄弟から20世紀へ』、ミネルヴァ書房
山本勲［二〇一七］『労働経済学で考える人工知能と雇用』、三菱経済研究所
谷嶋喬四郎［一九八〇］『社会科学の未来像』、講談社

［ウェブサイト］
Bloomberg［2018］"Trump Says Google, Facebook, Amazon, May Be Antitrust Situation", John Micklethwait, Margaret Talevand Jennifer Jacobs Bloomberg, 31/8/2018,（https://www.bloomberg.com/news/articles/2018-08-30/google-under-fire-again-on-search-as-hatch-calls-for-ftc-probe）
Cent Japan［二〇一八］「第2四半期の世界スマホ出荷台数、アップルが3位に転落」二〇一八年八月一日、（https://japan.cnet.com/article/35123382/）
ダイアモンド・オンライン［二〇一九］「GAFAのデータ独占に公取委がメス！　本気の実態解明へ」DIAMOND ONLINE, 二〇一九年三月二二日、（https://diamond.jp/articles/-/197645?page=2）
Forbes Japan［二〇一八］「スマートスピーカー普及率は米国の20%、1870万世帯が利用」、John Koetsier、二〇一八年四月一五日、（https://forbesjapan.com/articles/detail/20607）

Forbes Japan［二〇一八］「アップルの「一強ぶり」鮮明、世界のスマホ利益の86％を独占」、John Koetsier、二〇一八年四月一九日、（https://forbesjapan.com/articles/detail/20710）

ITmedia News［二〇一七］「世界のスマホアプリ市場、18年に１０００億ドル超」App Annie調査、二〇一七年一二月六日、（https://www.itmedia.co.jp/news/articles/1712/06/news101.html）

公正取引委員会［二〇一八］『デジタル・プラットフォーマーを巡る取引環境整備に関する中間論点整理』、平成三〇年一二月一二日「デジタル・プラットフォーマーを巡る取引環境整備に関する検討会」中間論点整理、（https://www.jftc.go.jp/houdou/pressrelease/h30/dec/181212_1.html）

総務省統計局［二〇一五］「消費者物価指数の改定に伴う主な改廃品目一覧」『２０１５年基準 消費者物価指数の解説：消費者物価指数の沿革』、総務省統計局ホームページ、（http://www.stat.go.jp/data/cpi/2015/kaisetsu/index.html）

読書案内

シュンペーターの知見を現代に生かすために……………小林大州介

本書の関心は「シュンペーター」を現在進行中の「ICTパラダイム」の理解に生かそうとするものであった。シュンペーターを知り、そして現代の経済構造もより良く知るために、ここでは双方の書籍を紹介しよう。

シュンペーターに関する書籍は数多いが、伊東光晴と根井雅弘の『**シュンペーター**』(岩波新書) はシュンペーターの生涯から理論、思想的背景等、幅広い領域をわかりやすく説明しており読みやすい。塩野谷祐一の『**シュンペーターの経済観――レトリックの経済学**』(岩波書店) はシュンペーターの使う「隠喩」の効果に光を当てており、数理経済学が経済学の唯一の方法としてまかり通っている現代に対するアンチテーゼとしても読むことができる。企業者論としては、池本正純の『**企業家とはなにか――市場経済と企業家機能**』(八千代出版) や根井雅弘の『**企業家精神とは何か**』(平凡社新書) などが良い。両者とも、マーシャルの企業者論を比較対象として扱っており、企業者論という視点から再びシュンペーターの著作を見直すことで、シュンペーターの企業者論の特徴が浮かび上がってくる。

シュンペーターの人となりやその生涯に興味を持ったならば、トーマス・マクロウの『**シュンペーター――革新による経済発展の預言者の生涯**』(一灯舎) がおすすめである。同書はかなりの分量があるが、内容が充実しており、様々な観点からシュンペーターの生涯を読み解いている。伝記としては最もポピュラーであり、詳しく書かれているが読みやすい。

ケインズとシュンペーターを並べて論じる本も多い。両者は一九二九年の大恐慌に対して異なるロジックを持っているにもかかわらず、現在でも大きな影響を持っており、両者の経済理論や根底にある思想を比較する試みは面白い。例えば、吉川洋の『**いまこそ、ケインズとシュンペーターに学べ――有効需要とイノベーションの経済学**』(ダイヤモンド社) は両者の知見を、リーマン・ショック後の世界経済における導きの糸とするものである。理論的内容が多く含まれているが、平易な言葉をもって説明されており読みやすい。また根井雅弘の**『ケインズとシュンペーター――現代経済学への遺産』**（ＮＴＴ出版）も、両者を対比しつつ統合を試みたものである。

本書と関連して、スティーブ・ジョブズの「企業者」性に焦点を当てた、秋元征紘の**『なぜ今、シュンペーターなのか』**（クロスメディア・パブリッシング）も面白い。実務家としてビジネスの最前線に身を置く著者が、自身の経験を踏まえて、シュンペーターの「企業者」像を具体的に説明してくれている。

次にＩＣＴパラダイム関連の書物としては、ネットワークや情報経済を網羅した草分け的なテキストとしてカール・シャピロとハル・ヴァリアンによる**『情報経済の鉄則』**がある。一九九九年に書かれているのだが、今日ますます重要となっている話題も多く、一読の価値がある。近年のデジタル・エコノミーに関して、エリック・ブリニョルフソンとアンドリュー・マカフィーが共著で**『機械との競争』**、**『プラットフォームの経済学』**、そして**『ザ・セカンドマシン・エイジ』**を出版している。いずれも機械による労働の代替の問題や、ＩＣＴ技術の可能性についてバランスの良い議論を行っており、おすすめである。

あとがき

本書執筆のお話をいただいたのは二〇一六年の暮れ頃であっただろうか。初めての書籍執筆であり、こうしたことに関して何の知識も持っていなかった私は、話を受けるべきか否かをかなり悩んだ。二〇世紀において最も著名な経済学者に数えられるシュンペーターの書籍を自分が書くなど、大それたことである。しかし今にして思えば、アイデアが形になるということは、非常に幸運なことであった。

シュンペーターは研究対象とする領域を単なる経済理論に限定せず、複眼的で広い視野を持った経済学者である。彼の研究構想は、しばしば「総合的社会科学」と表現される。シュンペーターが研究を開始した当初、彼はワルラス流の数理的に精緻化された純粋経済理論を志向していた。しかし経済理論に「動態」的な時間の概念を取り込むという作業の過程において、経済理論の与件に影響を与えうる様々な外生的（社会的・文化的・技術的）要因に関する知識をも取り込んだ。結果として、彼の体系がカバーする領域は広範にわたり、後世の研究者が彼の理論や思想の全体を追うことは困難を極めることとなる。にもかかわらず、彼の体系には一貫して「経済発展」や「資本主義の本質」に関する明確なビジョンが存在する。彼の著作を一通り見渡してみると、様々な要素が絡み合っているにもかかわらず、論理的に一貫性・整合性の取れた体系が存在していることが解るであろう。

私が現在の研究を始めた当初の動機は、我々の身の回りにあふれている「モノ」が進化することにより、いかに我々の生活が便利に、豊かになったかを分析する事であった。この研究は二〇〇八年に既に進めていたのだが、研究対象のあまりの大きさと複雑さにより、なかなか捗らなかった。モノは、それが生産されるに至る経済的な文脈と、使用される社会的文脈、そして、それが生産されるために必要な技術的文脈に影響を受ける。結果として「総合的社会科学」のような広範に及ぶ知識が必要であるが、他方で研究を推進する中心的な体系が無ければならない。シュンペーターとは異なり、当時の私はこの研究を進めるだけの明確なビジョンを持っていなかった。しかし今回、スマートフォンを中心的話題とした著作の執筆を契機に、再びモノの進化について考える機会を得、その研究がわずかながらでも前進したことは、楽しい副産物であった。

本書は様々な人の助けによって実現したものである。本書の内容は、前述の「モノの進化」のアイデアに加え、シュンペーターの学史研究、ネオ・シュンペーターの理論研究、そして二〇一七年から開始したICTパラダイムに関する研究に基づいている。

シュンペーター研究に関しては、北大で毎月開催されている社会経済学研究会において、岡部洋實教授、佐々木憲介教授、恩師である西部忠教授（現専修大学）、そして橋本努教授からさまざまな助言やアドバイスをいただいた。経済学史学会北海道・東北部会においては、北海学園大学の森下宏美教授や、北星学園大学教授を昨年度退官された田村信一先生から、そして、経済学史学会や進化経済学会の大会では、摂南大学の八木紀一郎先生から貴重なアドバイスを頂いた。また、ゼミの先輩であり北海商科大学の舛田佳弘准教授には、初稿前の原稿を一読していただき、疑問点や間違いを指摘していただいた。貴重な助言やアドバイスを頂いた皆様に、改めて感謝申し上げたい。

また、研究を続けながら同書を執筆する時間と環境を下さった株式会社GC企画の金子哲司会長と矢ヶ部啓一社長、そして北大ビジネス・スプリングの佐々木身智子氏にも、謝意を表したい。会長と佐々木氏にはICTの最前線で活躍する様々な人と接する機会をいただいた。私事ではあるが、執筆中に誕生した第一子の子育てをしながらも研究と執筆を続けられたのは、ひとえに金子会長のご厚意によるものである。

写真資料を提供してくれたNTT技術史料館にも感謝したい。特に、窓口となっていただいた広報の小川理恵氏には、色々とこちらの無理な依頼を聞いて頂いた。

そしてなによりも、このお話を私に持ってきてくださった編集の中西豪士氏に深く感謝したい。アイデアが形になるという事は幸福なことであり、その切掛けをいただけたことは何より幸運であった。さらに、遅筆の私を根気強くサポートし、改善のためのさまざまなアドバイスやご提案を頂いた。

様々な方の助力を得たにもかかわらず、なお存在する本文中の誤りの責任は全て、執筆者本人に帰するものである。

最後に妻と、本書よりも一足先に生まれた娘に感謝したい。どんな時も二人の存在は、心強い後押しとなった。

二〇一九年九月

小林大州介（こばやし・だいすけ）
1974年、北海道生まれ。
北海道大学文学部卒業、北海道大学大学院経済学研究科博士課程修了。博士（経済学）。北海道大学経済学研究院助教を経て、現在、北海道大学経済学研究院地域経済経営ネットワークセンター研究員。専門はシュンペーター学説史、イノベーション論。
主要論文“Schumpeter as a diffusionist－a new interpretation of Schumpeter's socio-cultural evolution, Evolutionary and Institutional Economic Review, 12（2）（2015年）、「単線的発展論の超克としての初期イノベーション理論」『経済社会学会年報』37（2015年）など。

いま読む！名著

スマートフォンは誰《だれ》を豊《ゆた》かにしたのか

シュンペーター『経済発展の理論』を読み直す

2019年10月25日　第1版第1刷発行

著者　小林大州介
編集　中西豪士
発行者　菊地泰博
発行所　株式会社現代書館
〒102-0072　東京都千代田区飯田橋3-2-5
電話 03-3221-1321　FAX 03-3262-5906　振替 00120-3-83725
http://www.gendaishokan.co.jp/
印刷所　平河工業社（本文）　東光印刷所（カバー・表紙・帯・別丁扉）
製本所　積信堂
ブックデザイン・組版　伊藤滋章
校正協力：高梨恵一
 Printed in Japan　ISBN978-4-7684-1017-2
定価はカバーに表示してあります。乱丁・落丁本はおとりかえいたします。